ФИНАНСЫ

Ken Langdon
Alan Bonham

Smart Finance

Capstone

Кен ЛЕНГДОН
Алан БОНХЕМ

ФИНАНСЫ

Москва
ЭКСМО
2007

УДК 658.14/.17
ББК 65.290-93(4Вел)
Л 33

Ответственный редактор Н. В. Шульпина

Перевод с английского и редакция Н. А. Ливинской

Ленгдон К., Бонхем А.
Л 33 Финансы / Кен Ленгдон, Алан Бонхем; [пер. с англ. ; парал. тит. англ]. — М. : Эксмо, 2007. — 240 с. — (Высокий старт).

ISBN 5-699-19960-8 (рус.)
ISBN 1-84112-586-5 (англ.)

Многие менеджеры избегают общения с бухгалтерией и финансовым отделом. Чаще всего это происходит из-за страха показаться невеждой, не знающим профессионального сленга финансистов и бухгалтеров. Прочитав эту книгу, вы не только сможете разговаривать с этими специалистами на их языке, но и приобретете знания для дальнейшего карьерного роста, поскольку узнаете об особенностях принятий финансовых решений.

Эта книга будет интересна как менеджерам разного уровня, так и рядовым служащим, которые хотят получить знания в области финансов, необходимые в деловом мире каждому образованному человеку.

УДК 658.14/.17
ББК 65.290-93(4Вел)

ISBN 5-699-19960-8 (рус.)
ISBN 1-84112-586-5 (англ.)

СОДЕРЖАНИЕ

ВВЕДЕНИЕ

Собеседование приближалось к концу. Салли чувствовала себя свободно и уверенно, хотя вначале она изрядно нервничала. У нее были причины для волнения. Если бы людям, сидящим напротив, не понравились ее ответы, она могла бы попрощаться с перспективой повышения в Compusell, крупной компании по производству компьютерных систем, где успешно работала уже семь лет.

«Последний вопрос — от вас, Роберт?» — сказал председатель, предоставляя слово какому-то финансовому инспектору. Салли не знала его, однако ходили слухи, что он считает весь торговый персонал «чертовыми купцами». «Хорошо, — сказал Роберт, — ответьте мне, Салли, как вы представляете себе соотношение между коэффициентом цена-прибыль и доходом, на котором компания должна настаивать при оценке инвестиционного проекта?» Роберт откинулся на спинку стула, вполне довольный собой.

Салли напряженно перебирала в уме возможные варианты. Что бы мог значить этот вопрос? Она решила выиграть время. «Что именно вы имеете в виду?» Роберт снова заговорил, и на этот раз удар был завершающим: «Просто ответьте, если коэффициент цена-прибыль в одной компании в два раза больше, чем в другой, внутренняя норма прибыли в ней будет выше или ниже?» Салли собрала в кулак всю свою уверенность, вызванную успехом предыдущей части собеседования, и сказала: «Я знаю, что шанс угадать правильный ответ равен 50%, и велико искушение рискнуть, но я думаю, мне нужно лучше подготовиться к ответу на этот вопрос».

Точка зрения профессионала

«Наш бизнес — делать деньги, а не машины».
Менеджер *General Motors*

Точка зрения профессионала

«Деньги похожи на шестое чувство, без которого нельзя полностью использовать остальные пять».
У. Сомерсет Моэм, писатель

По дороге домой после окончания собеседования, которое, несмотря на вмешательство Роберта, оказалось вполне успешным, Салли в который раз дала себе обещание освежить свои знания в области финансов.

Если вы хоть раз вступали в спор с финансовым директором, вы наверняка заметили, что он ведет нечестную игру. В его распоряжении есть целый арсенал профессионального сленга, а начинающий менеджер больше всего страшится финансовых аспектов — они для него «темный лес».

Начинающему менеджеру кажется, что бо́льшая часть финансовой информации ему должна быть знакома, потому что он изучал основы финансов в колледже. Однако очень часто ему трудно перебросить мост от базовых знаний к реальному миру бизнеса, в котором он оказывается. Еще одну сложность для любого начинающего менеджера представляет финансовый сленг — уж его-то в колледже не преподавали вовсе. Все это изрядно мешает быстро «влиться» в новую работу и разобраться в новых обязанностях.

Поистине — замкнутый круг. Если вы не обращаете внимания на финансовую сторону деятельности, вам никогда не выполнить своих непосредственных задач. Если вы не оплачиваете вовремя управленческие расходы, вас ждут проблемы. Если вы не пытаетесь разобраться в цифрах, которые, на первый взгляд, кажутся вам неверными, очень скоро вы будете нести бремя расходов тех менеджеров, которые уже освоились в финансовой системе компании. Но даже если никто из ваших сотрудников не питает недобрых намерений, не полагайтесь на внутреннюю систему управления затратами: она печально известна своей неточностью и, кроме того, далеко не всегда поспевает за изменениями, происходящими в организации.

Если вы согласны с этим утверждением, ознакомьтесь с финансовыми отчетами, публикуемыми в периодических изданиях, и управленческими отчетами, призванными облегчить управление компанией и достижение поставленных задач.

В конечном счете, разумеется, все сводится к тому, какое решение вы примете. Это решение может казаться разумным для компании, но быть неверным с финансовой точки зрения, или наоборот. Если ваши функциональные навыки дополнятся глубокими знаниями в области финансов, вы на несколько шагов приблизитесь к тем, кого называют менеджерами от Бога.

Умная фраза на случай

Не путайте прибыль с денежным потоком.

Не забывайте о мощном оружии, имеющемся в арсенале финансового директора — профессиональном сленге. Хотите верьте, хотите нет, но у вас могут быть огромные резервы в бухгалтерском балансе — и ни копейки на банковском счету. Вы можете добиться 20-процентной рентабельности вложенного капитала — и обанкротиться.

Приведем простой пример компании, прибыльность которой не вызывает сомнений, а положение с денежными средствами ставит под угрозу не только способность компании выплатить дивиденды, но и само ее существование.

Прибыльное банкротство

Компания получает стабильную прибыль. Рентабельность вложенного капитала в ней составляет 20%, что является хорошим показателем. Нет причин сомневаться и в способности компании выплачивать проценты по кредиту из своей прибыли. Эти процентные выплаты составляют меньше трети EBIT (прибыли до уплаты процентов и налогов). Ниже приведены некоторые финансовые показатели.

Долгосрочная задолженность	60,0
Средства акционеров	40,0
Вложенный капитал	100,0
Рентабельность вложенного капитала	20%
Прибыль до уплаты процентов и налогов (EBIT)	20,0
Процентная ставка	10%
Проценты	6,0
Прибыль до уплаты налогов	14,0
Ставка налогообложения	25%
Налоги	3,5
Чистая прибыль после уплаты процентов и налогов	10,5

Однако эти данные отображают только одно из последствий наличия в компании заемного капитала — процентные выплаты по кредитам. Другое последствие — необходимость выплачивать основную сумму, т. е. возвращать кредит. В нашем случае компания должна выплачивать 12 тыс. ф. ст. ежегодно, чтобы вернуть пятилетний заем. Посмотрите теперь на финансовую статистику.

Чистая прибыль после уплаты процентов и налогов	10,5
Выплата основной суммы	12,0
Чистый денежный поток	–1,5

Таким образом, компания может получать прибыль и одновременно испытывать острую нехватку в денежных средствах.

ДЛЯ КОГО НАПИСАНА ЭТА КНИГА?

Если вы находитесь в положении такого начинающего менеджера, о котором упоминалось выше, эта книга определенно нужна вам. Вряд ли вы работаете в финансовом отделе: в таком случае вы бы уже заказывали партию этих книг, чтобы раздать их менеджерам из производственного отдела и отдела продаж. Кстати, бизнес от этого бы только выиграл (по крайней мере, наш).

Вы можете работать в любой другой области — маркетинге, производстве, сбыте, конструировании или даже заниматься научными исследованиями — везде, где в ваши обязанности входит выполнение как функциональных, так и финансовых задач.

Цель данной книги — пролить свет на финансовую сторону деятельности компании и вооружить читателей знаниями, необходимыми для общения на равных с сотрудниками бухгалтерии и финансового отдела. Финансисты могут оказать вам большую помощь, если вы найдете с ними общий язык.

Не забывайте, что люди, которые стремятся ослепить вас своими глубокими научными познаниями, как правило, воспринимают все в неверном свете. Помните, что тот, кто сосредоточивается на одном аспекте бизнеса, скоро теряет в*и*дение общей картины. Возьмите, к примеру, венчурных предпринимателей. Далеко не глупые люди, они постоянно изыскивают возможность вложить свои средства в компании, которые непременно ждет успех в будущем, а пока что борются за выживание. Менеджеры на венчурных предприятиях, труд которых, как правило, очень хорошо оплачивается, должны понимать, как они могут помочь в управлении компанией. Однако посмотрите, что они делают, когда наступают трудные времена.

Если компания, которая привлекла венчурный капитал для расширения производства, сталкивается с трудностями (как правило, это меньшие, чем ожидалось, объемы продаж), то владельцы капитала тут же замечают это. Они нанимают бухгалтеров, чтобы те изучили сложившуюся ситуацию, юристов, чтобы проверить условия контракта, и консультантов, чтобы выработать программу выхода из кризиса.

Умная фраза на случай

О консультантах часто говорят, что они взимают с вас большую плату и сообщают вам то, что вы и так уже знаете. «Консультанты? Они берут ваши часы и говорят вам, который час».

Вся эта армия людей имеет две общие черты: во-первых, их услуги стоят очень дорого и, во-вторых, они забирают много времени у менеджеров, заставляя их отвечать на вопросы и распространяясь о проведенном анализе и полученных результатах. Истина заключается в том, что в результате всего этого положение практически всегда только усугубляется. А ведь они считаются экспертами. Будет намного лучше, если менеджеры компании сами освоят финансовый сленг и научатся понимать и решать проблемы без посторонней помощи.

И еще об одном. Не позволяйте финансистам пользоваться тем, что они владеют финансовым сленгом, и держать остальных сотрудников компании в неведении относительно реального положения дел.

Достойный ответ

Предположим, вы хотите получить определенное количество ресурсов от крупной и респектабельной компании, в которой работаете, потому что вы знаете, как лучше распорядиться средствами и получить прибыль. Прежде чем вы представите ваш проект на рассмотрение руководству, поинтересуйтесь у сотрудника финансового отдела: какие финансовые критерии используются у вас при оценке инвестиционного проекта?

Если ответ: «У нас принята пороговая ставка 22%» в настоящее время лишь приводят вас в замешательство, то после прочтения этой книги вы сможете не только поддержать разговор, но и рассчитать рентабельность вашего проекта самостоятельно.

Резюме:

1. Хотите ли вы обладать достаточными познаниями в области финансов, чтобы обсудить при необходимости волнующий вас вопрос с финансистами?
2. Настало ли для вас время разобраться, о чем же все-таки пишут на финансовых страницах в деловых изданиях?
3. Требует ли ваша работа того, чтобы вы понимали финансовые отчеты вашей компании, поставщиков или клиентов?
4. Помогло бы вам в работе понимание финансовых механизмов оценки инвестиций?
5. Может ли вам понадобиться в будущем знание того, как привлекаются в новый проект или бизнес денежные средства?

Если хотя бы на один из этих вопросов вы ответили утвердительно, купите книгу и читайте дальше уже в уютной домашней обстановке. А если вы будете читать ее в офисе, возможно, финансовый отдел возместит вам расходы на ее приобретение.

КАК ОРГАНИЗОВАНА ЭТА КНИГА?

Выражение «бизнес-финансы», а особенно «корпоративные финансы», звучит устрашающе. На самом деле за этими значительными словами стоят весьма определенные понятия:

- привлечение в проекты денежных средств;
- мониторинг входящих и исходящих денежных потоков в ходе реализации проектов;
- расчет и учет доходности;
- использование имеющихся данных с целью определения финансового состояния компании и принятия решений по дальнейшему развитию.

Эти задачи универсальны: они описывают роль финансов вне зависимости от принятого на сегодняшний день сленга. Действительно, один из способов разобраться с финансовыми вопросами заключается в том, чтобы очистить проблему от вычурных формулировок и разобраться, к какой из базовых задач финансов она относится.

На рисунке 1 мы изобразили задачи финансов в виде блок-схемы.

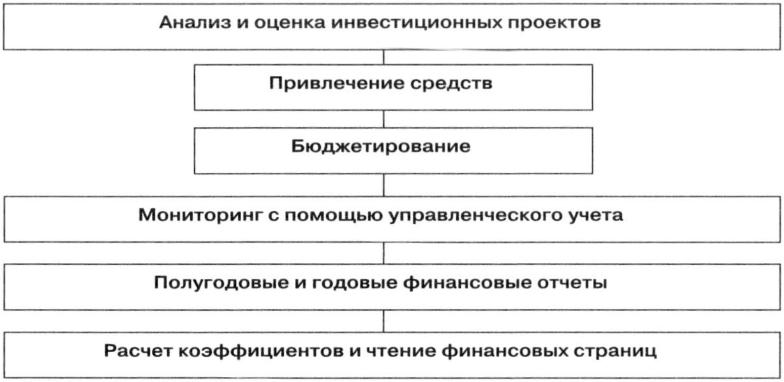

Рис. 1. Блок-схема корпоративных финансов

Однако в целях обучения лучше рассматривать эти задачи в обратном порядке. Например, если мы начнем с того, к чему стремятся владельцы, корпоративные и частные инвесторы, мы узнаем об основных движущих силах любого бизнеса. По этой причине мы поговорим о финансовых страницах в первой главе, а дальше будем двигаться по предложенной блок-схеме снизу вверх.

Достойный ответ

Вы хотите получить доказательство того, что финансовый мир практически не подвержен изменениям? Пожалуйста.

В одной из книг *Саги о Форсайтах* Голсуорси члены совета директоров отвечают на вопросы инвесторов, присутствующих на ежегодном общем собрании в 1891 году. Много времени ушло на обсуждение небольшого благотворительного пожертвования, которое компания выделила служащему, получившему производственную травму.

На ежегодном общем собрании крупного инвестиционного треста, которое состоялось в 1990-х гг. повторилась в точности та же самая ситуация: участники долго обсуждали скромное пожертвование, которое, по определенным причинам, было традиционно сделано компанией.

Все это подтверждает тот факт, что люди настолько страшатся финансовых проблем, что предпочитают больше внимания уделять малозначимым, но понятным им вещам.

Ниже мы приводим названия глав и краткое описание их содержания.

Глава 1. Основы инвестирования

В этой главе читатель узнает то, что необходимо знать менеджеру о финансовых страницах и инвестиционных коэффициентах.

Глава 2. Финансовый учет

В этой главе сделан краткий обзор отчета о прибылях и убытках, бухгалтерского баланса, а также отчета о движении денежных средств.

Глава 3. Интерпретация финансовых результатов

В этой главе читателям предлагается рассмотреть некоторые коэффициенты для оценки финансового здоровья и стратегии компании, а также проследить этапы развития компании.

Глава 4. Финансовый анализ

Здесь вы узнаете о тех коэффициентах, которые можно рассчитать на основе публикуемых в периодических изданиях годовых отчетов.

Глава 5. Мониторинг текущей деятельности

В этой главе раскрывается суть управленческого учета, а также показывается, как компания может отслеживать эффективность своей деятельности.

Глава 6. Финансовое планирование

Глава посвящена обсуждению и постановке задач для каждого отдела компании. Также здесь поднимаются вопросы бюджетирования.

Глава 7. Прибыль и денежные потоки

Здесь рассматриваются различные методы оценки инвестиций.

Глава 8. Финансирование

В этой главе речь идет о корпоративных финансах, а также сделан обзор возможных источников привлечения капитала.

Об авторах

Нам представляется, что имеет смысл рассказать о том, как авторы этой книги пришли к сотрудничеству: это хороший пример плодотворной совместной работы менеджера и бухгалтера, в результате чего целое становится больше, чем сумма отдельных его составляющих. Кен, опытный маркетолог и менеджер по продажам, познакомился с Аланом, опытным бухгалтером, благодаря тому, что им вместе предстояло подготовить и провести ряд тренингов. Некоторое время они с подозрением поглядывали друг на друга: Кен полагал, что Алан своим чрезмерным вниманием к деталям лишает программу тренинга живого интереса и увлекательности. Алан, со своей стороны, опасался, что Кен предложит нечто, состоящее сплошь из пены и мыльных пузырей. К счастью, скрытое противостояние длилось недолго. В результате мы пришли к выводу, что позитивное сотрудничество с финансовым отделом значительно повышает эффективность работы даже в тех областях, которые не связаны напрямую с финансами.

Об учебных примерах, валютах и самопроверке

Авторы этой книги рассматривают два учебных примера, которые демонстрируют читателям, как можно использовать полученные знания на практике. Вы узнаете о двух сотрудниках, работающих в совершенно разных компаниях, которым приходится решать финансовые вопросы. Причем некоторые из них они решают правильно, а в других допускают грубые, хотя и вполне объяснимые ошибки.

Салли Кренфилд

Compusell Corporation — крупный производитель компьютерной продукции, представленной на рынках более чем ста стран по всему миру. Компания продает свою продукцию как непосредственно клиентам, так и через различные каналы распределения.

Вскоре после успешного собеседования Салли была назначена менеджером по продажам через каналы распределения в южном регионе США. Она работает в Атланте, а ее непосредственный начальник находится в Нью-Йорке. Опытный продавец и рекламный агент, Салли должна освоить новую работу и новые обязанности. Теперь ей нужно не только следить за полученными заказами и поступающим доходом, но и учитывать себестоимость реализованной продукции, расходы ее отдела и рентабельность различных активов.

У Салли есть финансовый начальник в Нью-Йорке, и ей нужно научиться сотрудничать с ним, чтобы она и ее команда работали эффективнее. Возможно, это будет непросто, поскольку, как мы уже увидели, ее познания в области финансов оставляют желать лучшего.

Энди Макрей

А теперь познакомьтесь с Энди Макреем из Соединенного Королевства. Шотландец, родом из Эдинбурга, в настоящее время он проживает в Лондоне и работает в кадровом агентстве *HAR Ltd*. Это небольшая фирма, объемы продаж которой намного меньше объемов продаж в *Compusell*. Основана она около семи лет назад, а Энди — один из первых ее сотрудников. До недавних пор дела у агентства шли хорошо, но потом общий экономический спад привел к тому, что у компании появились проблемы — сначала с продажами, потом с рентабельностью и, наконец, с денежными средствами.

Акционеры обвинили в этом тогдашнего генерального директора, который хорошо справлялся со своими обязанностями, когда компания была очень маленькой, однако не смог поддерживать результаты на прежнем уровне при появлении перспективы крупного расширения.

Энди хорошо разбирался в делах компании, был лично знаком с рядом крупных клиентов и поэтому был назначен исполняющим обязанности генерального директора. Энди уверен, что он справится с подбором персонала по работе с клиентами, но его волнует работа с инвесторами и бухгалтерами. Как и Салли, он изучал финансы достаточно давно, и если не проявит бдительности, новый финансовый директор, назначенный на эту должность акционерами, фактически возьмет управление компанией в свои руки. Энди нужно быстро всему научиться, чтобы вывести из кризиса доверенное ему кадровое агентство, а мы будем пристально следить за его действиями.

Вопрос на засыпку

Читая эту книгу, останавливайтесь время от времени и проверяйте, как вы поняли изложенную в ней информацию, с помощью предложенных тестов. Ответы на них вы найдете в конце книги.

Валюта

В примере *Compusell* мы будем использовать доллары, а в примере *HAR* — фунты стерлингов. На момент написания этой книги курс доллара по отношению к фунту стерлингов был равен 1,6.

ГЛАВА 1

ОСНОВЫ ИНВЕСТИРОВАНИЯ

Введение

Адекватное восприятие финансов как экономического явления невозможно без знакомства с таким понятием, как финансовые коэффициенты. Это инструмент, который предприниматели используют для оценки результатов своей работы или же деятельности своего предприятия. Далее мы увидим, что это в равной степени относится ко всем представителям делового мира, начиная с подрядчика-строителя и заканчивая советом директоров.

?–! Достойный ответ

Независимый консультант

Консультанты, например, часто оценивают успех исходя из количества отработанных дней за определенный период времени по сравнению с прошлым годом.

А начнем мы наш разговор с коэффициентов, которые используют владельцы акций и председатель правления.

Инвесторы, т. е. владельцы компаний, ожидают от председателя правления исполнения его обещаний. Самое неприемлемое для них — неожиданности. Если председатель правления компании пообещал: «В течение следующих трех лет наши дивиденды будут на 2% выше уровня инфляции», — значит, именно на такой результат инвесторы и будут рассчитывать. Если же реальность окажется далекой от обещаний, они не станут с этим мириться и начнут продавать акции. Это приведет к тому, что стоимость акций упадет, а председатель правления и совет директоров будут испытывать давление. Хуже всех придется в этом случае председателю — если он не сумеет успокоить инвесторов, предложив реальный план по выходу из создавшейся ситуации, отдельные члены совета директоров поспешат заявить о внезапно охватившем их желании «проводить больше времени с семьей» — эвфемизм, которым обычно прикрывают уход из компании.

Странно, что инвесторы, которые внесли свою лепту в «скоропостижное» увольнение топ-менеджера компании, дают этим управляющим уйти с солидными суммами денег в качестве компенсации за их несостоятельность. Но это уже другая история и другая загадка.

Итак, если председатель правления заявляет, что за пять лет он увеличит стоимость акций в два раза, значит, это должно произойти. Держатели акций, среди которых преобладают крупные страховые компании и пенсионные фонды, формируют свое мнение о стратегии совета директоров и решают, соответствуют предлагаемые акции их требованиям или нет. От их мнения и зависит рыночная цена акций. Затем совет директоров вырабатывает стратегические планы по увеличению прибыли и денежных потоков, чтобы компания могла воплотить в жизнь обещания председателя.

Стратегия, цель которой — удовлетворить желания инвесторов, во многом определяет поведение компании. Поэтому стоимость акций в определенной мере отражает ожидания рынка, связанные с будущим данной компании.

Непредсказуемый вопрос

Каким бы было ваше юридическое и финансовое положение, если бы вас уволили — либо потому, что вы не смогли реализовать выработанную программу, либо из-за кадровых перестановок на высшем уровне руководства?

В первой главе мы рассмотрим, как рынок определяет цену акции и как субъекты рынка принимают решение по включению тех или иных акций в свой инвестиционный портфель. Мы будем пользоваться опубликованными в периодических изданиях данными по рынкам, секторам и отдельным компаниям.

Достойный ответ

О чем предпочитают молчать бухгалтеры

Многие люди неверно трактуют понятие «прирост на акцию капитала». Первый показатель ценности акции — это доход, который вы ожидаете получить в виде ежегодных дивидендов. Предположим, вы хотите купить акцию с тем, чтобы продать ее через три года. Тогда стоимость акции для вас будет включать сумму дивидендных выплат за три года плюс цену, по которой вы планируете продать акцию и которая, как вы надеетесь, будет выше цены покупки. Это и называют приростом капитала.

Теперь взгляните на ситуацию глазами того человека, который покупает у вас акцию. Он намеревается держать ее, скажем, десять лет. Если он рассчитывает стоимость акции по тому же принципу, что и вы, отправной точкой для него будет сумма дивидендных выплат за десять лет. Прирост капитала, который вы получили от него, был, на самом деле, его оценкой дивидендного потока.

Таким образом, стоимость акции исчисляется суммой будущих дивидендов на протяжении длительного периода, а не только того времени, которое вы планируете держать ее у себя.

В последующих главах мы поговорим о коэффициентах, которые используются на более низких уровнях, и посмотрим, как директора и менеджеры оценивают результаты своей работы изнутри, а аналитики и журналисты — извне.

Помните: нравится вам это или нет, вы принимаете участие во владении акционерным капиталом. Если в компании, где вы работаете, нет прироста акционерного капитала , собственники могут ее продать, и тогда первыми попадут под удар менеджеры. Вы можете держать акции, которые обеспечивают выгодный для вас прирост капитала, а можете инвестировать значительную часть вашего дохода в паевые фонды без фиксированного дивиденда. Понимание основных принципов инвестирования поможет вам сделать правильный выбор.

Основы инвестирования

Чтобы все наши читатели находились в равных условиях, давайте уделим немного времени основам принятия инвестиционного решения. Предположим, у вас есть 1 тыс. ф. ст. и вы хотите эти деньги во что-то вложить.

Депозит в банке

Самое простое решение — поместить эти средства на депозитный счет в любом надежном банке. Для вас эта операция будет бесплатной, и банк должен будет выплачивать вам проценты, которые способны выдержать конкуренцию с другими банками.

Принимая это решение, посмотрите в первую очередь на процентную ставку. Сколько вы получите, положив на депозит 1 тыс. ф. ст.? Скажем, 60 ф. ст. в год.

В этом случае, доходность, т. е. доход с капитала, выраженный в процентах, составит 6%. Определить доходность несложно — она равна процентной ставке.

Что еще можно добавить по поводу этого вида капиталовложений? Он достаточно безопасный. Да, банк может обанкротиться, однако это случается редко, к тому же в большинстве стран предусмотрена та или иная форма защиты вкладчиков. Кроме того, это высоколиквидный способ: у вас не возникнет проблемы с обращением капитала в наличные средства. В большинстве случаев вы можете получить свои деньги обратно практически мгновенно.

?–! Достойный ответ

Банки

Предоставление займов банкам не влечет за собой прирост капитала. Банки занимают средства у вкладчиков и выплачивают им проценты. Затем они дают деньги взаймы и устанавливают более высокую процентную ставку. И хотя уровень процентной ставки может изменяться под воздействием экономических факторов, разница между процентной ставкой на заемный капитал и процентной ставкой на ссуды, т. е. маржинальная прибыль банка, остается неизменной. А если показатель доходности не растет, то прирост капитала невозможен. Банки возвращают то же количество денег, которое вы разместили на депозитном счету, вне зависимости от того, сколько они там пребывали. Поневоле согласишься с остряком, который подметил: «Удивительное явление — банки: вы даете им стоимость пальто, а спустя десять лет они возвращают вам стоимость рубашки».

Покупка акций

Ситуация несколько усложняется, если вы решаете вложить 1 тыс. долл. в акции. Как правило, компании выплачивают дивиденды владельцам акций один, два или даже четыре раза в год. Это немного похоже на выплату процентов банками, однако здесь главный вопрос заключается в том, сможет ли компания выплатить дивиденды из своей прибыли. В отличие от процентов, которые заемщик обязан выплачивать при любых обстоятельствах, компании могут так или иначе «уклониться» от выплаты дивидендов — т. е. уменьшить или вовсе прекратить ее. Например, совет директоров может посчитать такой шаг необходимой мерой для того, чтобы обеспечить жизнеспособность компании в долгосрочном периоде.

Compusell Inc.

Если вы примете решение вложить 1 тыс. долл. в акции компании Салли, дивидендный доход составит для вас около 26 долл. в год, а доходность, соответственно, будет равна 2,6%.

Итак, зачем вкладывать свои средства в *Compusell*? Ответ, разумеется, связан с ожидаемым ростом. Акционеры рассчитывают, что компания повысит свои доходы, прибыль и, как следствие этого, увеличит дивидендные выплаты. Это означает, что акция защищает своего держателя от инфляции и обеспечивает более высокий доход — в том, что касается дивидендов и роста капитала.

Когда дивиденды растут, рынок проверяет прогнозы аналитиков и руководителей компаний и пытается оценить возможности дальнейшего роста. До тех пор пока такой рост возможен, рынок будет переоценивать акции в сторону повышения, чтобы

эти улучшения действительно могли произойти. Итак, каким образом мы измеряем доход? Если к концу года акции подорожали и стоимость имеющегося на руках пакета составила уже, скажем, 1 050 долл., общий доход от вложения в 1 тыс. долл. будет 76 долл. или 7,6%, доходность составит 2,6%, а прирост капитала — 5%. Может показаться странным, что мы измеряем доход, учитывая дивиденды в первом году и стоимость акций к концу года, а не стоимость всех будущих дивидендов. Дело в том, что цена акций на конец года определяется инвесторами на основании их ожиданий в отношении будущих дивидендов, и поэтому она уже включает их стоимость. Таким образом, определяя стоимость акции, имеет смысл взять доход одного периода, как мы сделали здесь на примере акций *Compusell*.

Также при покупке акций нужно учитывать стоимость и риск. О том, сколько стоит приобрести акцию, мы поговорим чуть позже, а сейчас скажем несколько слов о риске. Очевидно, что обычные акции таят в себе намного больший риск для инвестора, чем депозитный счет в банке. Может измениться ситуация на рынке, могут появиться новые конкуренты, и, скажем откровенно, руководство *Compusell* не застраховано от ошибок, которые могут оказать самое неблагоприятное влияние на рост и финансовое состояние компании. Разумеется, мы надеемся, что стоимость акций будет расти, но гарантий этого у нас нет.

Таким образом, рынок оценивает компанию по ожиданиям, связанным с увеличением ее дивидендов в будущем. Сам дивидендный поток основан на одной аксиоме: чтобы выплачивать более высокие дивиденды, компании нужны бо́льшая прибыль и, разумеется, денежные средства.

Инвесторы осведомлены о прибыли, которую компания получила в прошлом году, а теперешнее ее положение отражено в ожидаемой доходности. Учитывается также качество управления компанией, равно как и вероятность того, что руководство сможет реализовать свои планы. Ожидание будущих дивидендов со стороны инвесторов находит свое отражение еще в одном интересном показателе — так называемом коэффициенте «цена–прибыль» (price–earnings ratio — P/E). Этот коэффициент выражает отношение рыночной цены акции компании к ее чистой прибыли в расчете на одну акцию. Если в прошлом году компания получила прибыль в 1 млн.

долл. и выпустила 1 млн. акций, коэффициент P/E будет равен 1 долл. Если инвесторы, которые изучают вероятную деятельность компании в будущем, платят 20 долл. за акцию, тогда коэффициент P/E равен 20. Этот показатель говорит нам о том, как рынок оценивает перспективы компании.

При подсчете коэффициента P/E традиционно используется прибыль за истекший период, потому что это единственное точно установленное число, которым располагают аналитики. Чем больше оптимизма внушают инвесторам перспективы роста компании, тем выше будет значение коэффициента P/E.

Таким образом, рынок дает свою оценку перспективам компании, а его ожидания будущих дивидендов отображаются в цене. Рыночная цена учитывает теперешнее состояние компании и всю доступную информацию о ней. Все это и позволяет субъектам рынка принять инвестиционное решение.

Каждый потенциальный инвестор изучает состояние компании и на основе общедоступной информации делает свои собственные выводы о возможных результатах в будущем. Если он более оптимистично настроен, чем рынок, он решает, что акции недооценены, и может принять решение о покупке. Любая сделка имеет место тогда, когда мнение отдельного инвестора не совпадает с мнением рынка в целом. Однако рынок представляет собой не более чем совокупность его участников, т. е. тех же людей; поэтому если акция будет пользоваться спросом при текущей рыночной цене, она неизменно подорожает. Это теория, которой активно пользуются крупные институционные инвесторы. Мелкие инвесторы редко проделывают столь масштабный анализ. Как правило, они вкладывают средства в акции, ожидая, что это принесет им, в конечном счете, б*о*льшую прибыль, чем банковские проценты.

HAR Plc

Представьте себе, что у вас есть достаточно свободных средств, чтобы приобрести *HAR*. Сколько вы были бы готовы заплатить за эту компанию? Она не располагает значительными материальными активами, арендует помещение, не имеет запасов продукции и даже берет в прокат автомобили для своих сотрудников. У вас нет никаких предположений о том, какой может быть ее стоимость.

Мы знаем, что товарооборот этой компании составляет 10 млн. ф. ст. Это полезная информация, но, не зная прибыли, все еще невозможно оценить стоимость компании. Известно также, что в прошлом году прибыль составила 157 тыс. ф. ст., однако за истекшие одиннадцать месяцев этого года прибыль снизилась. Теперь нужно пристальнее присмотреться к Энди, исполняющему обязанности генерального директора. Собирается ли он пресечь эту тенденцию и вернуть прибыль на прежний уровень или же он пустит все на самотек и подвергнет риску будущее *HAR*? Сложно, не правда ли? Но ведь никто и не говорил, что жизнь — простая штука.

Давайте рассмотрим возможные варианты. *HAR* несомненно представляет определенную ценность, и было бы по меньшей мере неразумно списывать ее со счетов. Компания работает уже несколько лет, у нее есть клиенты — как реально существующие, так и потенциальные. Компания умеет подбирать персонал, знает свою отрасль и работает в секторе, который в целом развивается. Однако, с другой стороны, всегда остается риск, что даже если Энди удастся приблизить прибыль к отметке 1 млн. ф. ст., вы сможете получить большую прибыль, вложив свои 100 млн. ф. ст. в какое-то другое дело. Выбор остается за вами. Оцените эту компанию.

В качестве упражнения мы будем рассуждать и действовать как финансовый аналитик, который по долгу службы должен обсудить с Энди имеющийся у *HAR* бизнес-план. На основании проведенного анализа нам придется сделать некоторые предположения: Энди удастся восстановить прибыль до прежнего уровня в ближайшие 18 месяцев, а в долгосрочном периоде — реализовать привлекательные возможности слияния или поглощения новых фирм. По мнению Энди, компания сможет увеличить свой товарооборот, скажем, в пять раз (т. е. до 50 млн. ф. ст.) и, если она добьется 10-процентной маржинальной прибыли, будет зарабатывать 5 млн. ф. ст. Таким образом, в течение пяти лет прибыль компании может составлять 100 тыс. ф. ст., 750 тыс. ф. ст., 2 250 тыс. ф. ст., 3 750 тыс. ф. ст. и 5 млн. ф. ст. — и за пять лет ваше капиталовложение принесет около 12 млн. ф. ст. Не принимая во внимание факторы времени и денежных средств (к ним мы вернемся позже), средний доход составит 2 400 тыс. ф. ст., а вам, возможно, придется заплатить в десять раз больше, чтобы приобрести этот бизнес.

24 млн. ф. ст. — это значение коэффициента P/E, которое в 150 раз превышает прибыль текущего года, но только в 10 раз больше прибыли, которую вы рассчитываете получить за пять лет.

Прежде чем мы обратимся к финансовым изданиям, в которых зафиксированы все эти показатели, предлагаем вашему вниманию тест.

Вопрос на засыпку

Тест I

Согласно другому определению, коэффициент P/E показывает, сколько лет потребуется новому владельцу, чтобы вернуть свои капиталовложения, при условии, что прибыль остается неизменной. Это верно или нет?

Листинги фондовых бирж

Wall Street Journal, Financial Times (FT) и многие другие печатные издания публикуют так называемые листинги — перечни акций, которые имеются в продаже на одной или нескольких фондовых биржах. В *FT* можно найти список компаний, чьи акции представлены на Лондонской фондовой бирже и на Рынке альтернативных инвестиций. В газете *Wall Street Journal* приводятся, в числе прочих, данные об основных американских рынках, листинги *NASDAQ* и Нью-йоркской фондовой биржи.

Чтобы достичь целей, поставленных в этой главе, нам необходимы примеры. *Financial Times* нам послужит для обсуждения *HAR*, а *Wall Street Journal — Compusell.*

Financial Times

Ежедневно во второй части газеты *FT* публикуется полный перечень всех акций, которые имеются в продаже на Лондонской фондовой бирже. Это вторичный рынок ценных бумаг. Покупатели здесь — люди, которые хотят купить акции какой-то компании, а продавцы — владельцы акций, купленных ранее либо непосредственно у эмитента, либо у их предыдущего держателя.

Обратите внимание на то, что листинги разбиты на секторы по отраслям. Это делается для того, чтобы читатели сравнивали подобное с подобным. Нет смысла сопоставлять данные по телекоммуникационной компании с данными, скажем, по коммерческому банку, ведь они принадлежат к совершенно разным областям деятельности и обладают совершенно различными характеристиками.

Вопрос на засыпку

Тест 2

Если стоимость акций резко падает, например, как это видно из заголовка «Рынок снижает стоимость *Badluck Plc* на I млрд. ф. ст.», какое незамедлительное воздействие это окажет на финансовое состояние компании?

Отраслевые секторы

В деловом мире существует традиционное деление на секторы, которое, впрочем, постоянно обновляется и видоизменяется. Компания *HAR Plc* включена в сектор под названием «Службы поддержки». В таблице 1.1 приведен пример подобного листинга с использованием названий несуществующих компаний.

Таблица 1.1. Образец листинга FT для сектора «Службы поддержки»

	Примечания	Цена	+ или –	2004 High	Low	Доходность	P/E	Объем '000s
Glastin	♣	**249½xd**	...	**255**	187	1,1	28,4	—
Grinback		**27**	...	**37½**	13½	1,9	30,5	**1**
HAR	♣	**103½xd**	+1	**129,5**	98,5	2,3	7,4	**14**
JY	♣	**93**	...	**137½**	67½	3,2	7,6	**21**
Kinqswell		**338½xd**	+26	**390**	280	1,6	15	**5**

Листинги «Службы поддержки»

Давайте выясним, о чем говорит информация, приведенная в листинге, на примере акций *HAR*. В первом столбце вы видите знак трефовой масти (обратите внимание, что легенда для всех этих символов находится в правой колонке на правой странице). Этот знак указывает, что данная компания включена в ежегодную систему отчетности *FT*. Если вы позвоните по указанному телефону или оставите заявку на сайте, вам в тот же день вышлют по почте самые свежие данные о компании. Это очень аккуратно работающая система.

Вернемся к нашей *HAR*. Пока что не обращайте внимания на маленькие буквы. Они подробно объяснены в легенде, а если мы начнем разбираться в них сейчас, они только запутают нас.

В следующей колонке указана цена акции, которая на день публикации составляет 103,5 пенсов.

Что происходит с капиталом инвестора при покупке акций? Если мы возьмем 1 тыс. ф. ст. и купим акции *HAR*, наши расходы этим не ограничатся. Во-первых, мы должны будем заплатить маклерам, чья прибыль (или выручка, как они говорят) заключается в разнице между ценой, по которой они продают акцию, и ценой, по которой они купили ее. Маклеры — это оптовые торговцы; они покупают и продают акции большими пакетами, которые впоследствии делят на части при розничной продаже.

Разрыв составляет 1–2% в зависимости от риска. Для акций небольших компаний он может быть еще больше, однако конкуренция способствует его сокращению. Возьмем в качестве примера разрыв в 1,5% и вычтем 15 ф. ст. из нашего капитала. Теперь его стоимость составляет 985 ф. ст.

Еще мы должны заплатить фондовому брокеру, который так же относится к маклеру, как розничный торговец относится к оптовику. Многие частные инвесторы используют в качестве фондового брокера свой банк.

Фондовые брокеры взимают около 1,5%, а в Великобритании к этой сумме нужно добавить еще и гербовый сбор за транзакцию в размере 0,5%. Это обойдется нам в 15 ф. ст. и 5 ф. ст. соответственно. Таким образом, стоимость нашего капитала уменьшается до 970 ф. ст., а потом до 965 ф. ст.

Наконец, не забывайте, что когда мы продаем что-либо, мы платим фондовому брокеру 1,5%, что опять обходится нам в 15 ф. ст. и уменьшает наш капитал до 950 ф. ст. Здесь не нужно учитывать прибыль маклеров, поскольку мы уже сделали это раньше.

Практический совет

Покупка и продажа акций обходится в 5-6% от их стоимости

Временно свободные средства	1000 ф. ст.	
Выручка маклеров – 1,5%	15 ф. ст.	
Гонорар фондового брокера при покупке – 1,5%	15 ф. ст.	
Гербовый сбор – 0,5%	5 ф. ст.	
Гонорар фондового брокера при продаже – 1,5%	15 ф. ст.	
Общая сумма расходов на покупку и продажу	50 ф. ст.	5% от капитала
Если бы выручка маклеров составляла 6%, общая сумма расходов была бы	60 ф. ст.	6% от капитала

Все это говорит нам о том, что покупка акций — это, как правило, долгосрочное капиталовложение. Вернуть вложенные средства мы сможем, если цена акций возрастет на 5%, получать же прибыль мы начнем лишь после того, как цена акций возрастет более чем на 5%.

Вернемся к листингу, опубликованному в газете. Если средняя цена составляет 103,5 пенса, то цена покупки будет около 105, а продажи — около 102. Разрыв в данном случае составит 3%.

Если это крупная компания, разрыв будет значительно меньше. Ее акции пользуются спросом, и маклеры конкурируют друг с другом. Иногда разрыв составляет всего лишь 0,5%.

Xd

Рядом с ценой на некоторые акции стоят две буквы «xd». В нашем примере это акции компании *Glastin*. «Xd» расшифровывается как «ex-dividend» и означает приближающуюся выплату дивидендов.

За 4–6 недель до выплаты дивидендов акция становится xd. В начале этого периода список владельцев акций замораживается, а дивиденды будут выплачены только тем, кто включен в него на данный момент. Таким образом, до выплаты дивидендов вы покупаете акцию xd, зная, что ближайший платеж вы не получите. Не пытайтесь схитрить и купить акции незадолго до того, как они станут xd, чтобы получить дивидендный доход, а затем продать их. Во-первых, рынок вносит необходимые ценовые коррективы, а во-вторых, стоимость покупки и продажи, о которой мы говорили выше, исключает возможность заработать подобным образом деньги.

Колебания цены

Данные в следующей колонке показывают, насколько изменилась цена акции за время торгов в предыдущий день. В нашем случае цена акций *HAR* к закрытию биржи возросла вчера на 1 пенни. Цена акций *Glastin* никак не изменилась, акции *Kingswell* подорожали на 26 пенсов, т. е. более чем на 8%.

High – Low

В этих столбцах указана максимальная (High) и минимальная (Low) цена акций за истекший год. За последние 52 недели самая высокая цена акций *HAR* составила 129,5, а самая низкая — 98,5 пенсов; это яркий пример нестабильности курса акций. Обычные акции часто дорожают или дешевеют, причем внезапно. Иногда, как мы увидим, это вызвано колебаниями на рынке в целом, а иногда — рыночной переоценкой данной акции, связанной с каким-то событием в бизнесе.

Compusell Inc.

Как известно, компания *Compusell* заключала много контрактов с правительством США в эпоху так называемых «звездных войн» Рональда Рейгана. Когда было объявлено о постепенном сворачивании этой программы, стоимость акций *Compusell Inc.* резко упала.

Каковы показатели этой нестабильности? Если бы вы купили акции по минимальной цене (98,5 пенсов), а продали по максимальной (129,5 пенсов), вы бы превратили 1 тыс. ф. ст. в 1 314 ф. ст., не включая расходы. Это очень большая прибыль для менее чем годового срока. Если бы вы сделали все наоборот, т. е. купили бы акцию за 129,5 пенсов, а продали за 98,5 пенсов, вы бы потеряли 24% вашего капитала, т. е. в нашем случае — 240 ф. ст.

Цены на акции то растут, то падают, а их покупка и продажа дорого обходится инвестору. Поэтому их можно рекомендовать только как долгосрочное капиталовложение.

Доходность

Давайте теперь поговорим о дивидендном доходе. Доходность акций *HAR* составляет 2,3. Она выражает дивидендный доход, который вы можете ожидать, если купите акции по текущей цене — 103,5, а компания выплатит столько же дивидендов, сколько и в прошлом году.

Последнее условие заслуживает более пристального внимания. Если не поступает никакой настораживающей информации, то инвесторы ожидают, что руководство компании будет поддерживать дивидендные выплаты на том же уровне или же увеличит их. Разумеется, это возможно только при наличии у компании прибыли и денежных средств. Когда доходность резко возрастает, это значит, что ценность акции значительно упала, как правило, потому что инвесторы (т. е. рынок в целом) сомневаются, что компания способна поддерживать дивидендные выплаты на прежнем уровне.

?-! Достойный ответ

Высокая и низкая доходность акций

В электроэнергетическом секторе часто наблюдается высокая доходность акций. Этот сектор принадлежит к отрасли коммунальных услуг, а поэтому, как считается, не таит в себе больших возможностей для роста. Однако он достаточно надежен, поскольку даже в условиях экономического спада любому промышленному циклу требуется электричество.

Люди вкладывают средства в электроэнергетический сектор, чтобы получать относительно стабильный дивидендный доход. Как правило, компании, которые в него входят, проводят щедрую дивидендную политику. Стоимость акций достаточно низкая; это обусловлено бытующим мнением о незначительном потенциале этого сектора в плане роста. Сочетание этих двух факторов и объясняет высокую доходность. Противоположность представляет, например, сектор информационных технологий, где дивидендные выплаты намеренно поддерживаются на довольно низком уровне, чтобы оставить больше средств в бизнесе — на рост и научно-исследовательскую работу. В то же самое время стоимость акций здесь отображает огромные возможности, которые таит в себе этот рыночный сектор. Сочетание этих двух факторов и объясняет низкую доходность.

Вопрос на засыпку

Тест 3

Если спрос на акции приводит к повышению их стоимости, не затрагивая при этом дивиденды, что происходит с доходностью?

Коэффициент P/E

В следующей колонке указан коэффициент P/E. Для акций *HAR* он составляет 7,4. Как вы уже знаете, он показывает, что суммарная стоимость всех акций компании (при стоимости каждой акции 103,5 ф.ст.) в 7,4 раза больше прибыли, полученной в прошлом году.

Однако инвесторы так не говорят. Мы упоминали коэффициент P/E как:

P/E = рыночная капитализация/суммарная прибыль

Разделив числитель и знаменатель этой дроби на количество выпущенных акций, мы получим

P/E = стоимость акции/прибыль на акцию

Последний показатель, прибыль на акцию, часто используют инвесторы и председатели правления. Мы убедимся в этом в последующих главах, когда будем говорить о финансовой отчетности.

Вопрос на засыпку

Тест 4

Если компания заявляет, что ее прибыль за шесть месяцев увеличилась, а стоимость акций осталась прежней, что произойдет с коэффициентом P/E?

Объем '000s

В этой графе приведена информация об объеме акций, купленных и проданных за вчерашний день. В общих чертах она показывает, насколько серьезно нужно отнестись к изменению курса.

Практический совет
Если в течение дня акции резко поднялись в цене, а количество сделок по их купле-продаже существенно не изменилось, это, как правило, менее тревожный признак, чем оживление торговли при повышении цен на акции.

FT учитывает при купле-продаже акций обе стороны, поэтому, чтобы узнать количество акций, задействованных в торгах, нужно разделить указанное в этой колонке число пополам. Всего лишь 7 тыс. акций *HAR* сменили своих владельцев за вчерашний день, что привело к незначительному изменению цены.

Средние показатели для сектора

Показатели доходности и коэффициента P/E имеют смысл только тогда, когда есть с чем их сравнивать. Критерием в данном случае служит публикуемый ежедневно в *FT* средний показатель для данного сектора. В конце *FT* есть полный список секторов экономики, которые представлены в листингах. Против каждого названия сектора содержится информация по его средним показателям, в том числе доходность и коэффициент P/E. Мы возьмем наш учебный пример, чтобы показать, как пользоваться этими средними показателями.

Практический совет
Существует множество причин, которые могут объяснить слишком высокое или слишком низкое значение коэффициента P/E. Например, если компания дала неверное значение коэффициента прибыли на акцию, то и коэффициент P/E не будет соответствовать действительности. Вам нужно быть очень осторожными со всеми этими показателями. Дальше в рубрике «Практические советы» мы поговорим о разных значениях коэффициента P/E.

Если компания работает в секторе экономики, от которого не ожидается стремительного роста, то рыночные силы будут поддерживать цену акций на относительно низком уровне по сравнению с прибылью. В этом случае значение коэффициента P/E будет низким. Помните, что рынок рассматривает компанию с точки зрения ее потенциала в будущем. Маленькая фирма в секторе технологий, которая имеет все предпосылки к тому, чтобы увеличивать объемы продаж на 25% или более ежегодно, будет высоко оценена инвесторами. Значение коэффициента P/E в данном случае может перевалить за 50.

Крупная организация, которая входит в сто лучших компаний сектора «Розничная торговля» в Великобритании, вряд ли покажет столь стремительный рост объемов продаж и, соответственно, доходов. Значение коэффициента P/E здесь может равняться 13 или 14.

Чем ниже темпы инфляции, тем выше будет значение коэффициента P/E. Это объясняется низкой доходностью депозитных вкладов и связанным с ней притоком средств на фондовый рынок. Спрос на акции ощутимо повышается — и цены растут.

Средний показатель для всего рынка вы найдете в данных по промышленному сектору.

Люди, которые покупают акции, заинтересованы в том, чтобы компания претворила в жизнь свою стратегию и достигла результатов, которых ждет и она сама, и рынок.

Как правило, в значение коэффициента P/E встроен и элемент риска. Амбициозную программу труднее реализовать, чем скромный план, поэтому чем больше значение коэффициента P/E, тем выше степень риска.

Давайте вернемся к сектору служб поддержки и обсудим с Энди главный для него показатель — стоимость акций.

HAR Plc

Когда Энди вступил в должность генерального директора, рынок полностью переоценил весь сектор, а в особенности рекрутинговые компании. Стоимость *HAR* значительно снизилась. Это было вызвано цикличностью развития экономики и мнением людей по поводу того, какое место в этом цикле занимает экономика Великобритании.

За спадом в начале 1990-х гг. последовало несколько лет стабильности, которые ознаменовались низкими темпами инфляции, сокращением уровня безработицы и ростом всех секторов экономики, в особенности сектора компьютерных технологий и телекоммуникаций. Бум, связанный с наступлением нового тысячелетия, породил небывалый спрос на рабочую силу. Рекрутинговые компании были на подъеме — и *HAR*, специализирующаяся именно в этой области, процветала как никогда.

Однако наем персонала — это один из основных признаков поворотного пункта в экономическом цикле. Как только у компании появляются опасения, что экономическая активность идет на спад, она немедленно прекращает набор новых сотрудников. Все происходит очень быстро. Сегодня вы едва справляетесь с телефонными звонками, а завтра вам нечем заняться.

Значение коэффициента P/E достигло 50, потом резко упало до 18 и снова поднялось до 27-28 благодаря слухам о том, что предполагаемого экономического кризиса удастся избежать.

Руководство *HAR* ожидало худших показателей по сравнению с остальным сектором, потому что возможный экономический спад таил для *HAR* больше опасностей, чем для других компаний. В лучшие дни рынок оценивал акции *HAR* в 70, однако сейчас компания вернулась на прежнюю позицию — 7,4.

Курс акций *Compusell* движется в противоположном направлении.

Compusell Inc.

Компания *Compusell* принадлежит к сектору информационных технологий — одному из самых приоритетных секторов конца XX века. Возможности роста здесь все еще считаются огромными. Как писала одна газета, «каждые шесть месяцев «прирост» пользователей Интернета больше, чем прирост населения Великобритании». Инвесторы изобретают новые методы оценки компаний, чтобы отразить этот неопределенный, но очень многообещающий рост.

Многие годы значение коэффициента P/E в *Compusell* колебалось в пределах 17—19, однако в последнее время оно повысилось до 25—30, отражая таким образом происходящие в секторе изменения.

Поскольку коэффициентом P/E сейчас пользуются многие люди, имеет смысл поговорить о его действительной значимости для инвестора. Если значение коэффициента P/E равно 25, то стоимость акций данной компании в 25 раз превышает ее прибыль, а их доходность составляет 4%. Это означает, что если компания выплатит дивиденды из всей прибыли, то максимальная доходность акции для ее владельца составит 4%. Однако компании редко выплачивают дивиденды из всей прибыли; им нужны средства для развития бизнеса.

В этом случае доходность акций сократится до 2,5%, а остальную часть средств компания оставит у себя в виде нераспределенной прибыли.

Предоставление займов правительству по облигациям влечет за собой вдвое большую доходность — 5%. Таким образом, если вы покупаете акцию, а не облигацию, вы надеетесь на рост выше среднего, чтобы подобное капиталовложение имело смысл.

Так что же, в конечном счете, лучше? При низких темпах инфляции оправдать высокую стоимость акций будет сложнее. Предположим, что стоимость акции в два раза опережает темпы инфляции — скажем, рост составляет 5%, а инфляция — 2,5%. Чтобы дивидендный доход превысил доход по государственной облигации (с доходностью 5%), потребуется 16 лет. Даже если рост дивидендов опережает темпы инфляции в четыре раза (10% и 2,5% соответственно), доход по этим двум видам ценных бумаг сравняется только через 8 лет. И только если рост дивидендов достигнет невероятной отметки в 20%, это произойдет через 5 лет. Некоторые компании действительно добиваются этого и оправдывают заоблачное значение коэффициента P/E; но в большинстве случаев ничего подобного не происходит.

Если вы покупаете акцию с высоким значением коэффициента P/E — и риск, и ставка велики. У акций с низким значением коэффициента P/E, в свою очередь, больше шансов обойти надежные государственные облигации. Однако чуть позже мы приведем аргумент, который, в большей или меньшей степени, свидетельствует о противоположном. Как мы уже говорили, жизнь отнюдь не простая штука.

The Wall Street Journal

Прежде чем мы перейдем к анализу других страниц *FT*, давайте поговорим об американском аналоге этой газеты — *Wall Street Journal*. Информация, которую предлагают эти два издания, похожа, а вот способ ее подачи заметно отличается.

В таблице 1.2 приведен фрагмент листинга, в который включены данные по компании *Compusell*. В первых двух колонках указана максимальная и минимальная стоимость акций за последние 52 недели. Затем идет название акций и дивиденды по ним. Располагая этой информацией, мы могли бы высчитать доходность, однако в следующей колонке это уже сделали за нас. Таким образом, максимальная цена акций *Compusell* составила 118 центов, а минимальная — 64 цента. В прошлом году дивиденды по акции были равны 64 центам, а доходность составила 0,8%.

Таблица 1.2. Образец листинга в *Wall Street Journal*

52 нед											
High	Low	Акции	Дивиденды	Доходность	P/E	Объемы '000	High	Low	Стоимость		Чистое изменение
22 ¾	12 11/16	CornellCorr		...		120	13	12¾	12⅞	+	⅛
21⅛	15 7/16	CrnrstnPrpn	2,16	13,6	15	481	16⅛	15¾	15⅞	–	¼
118	57	Compusell	64	0,8	26	28372	77½	72½	76½	+	¾
75	34⅛	Corning	0,72	1,0	38	3947	69¾	68 1/16	68¾	–	1⅛
28 15/16	14 1/16	CorisGp	7,70	29,9	...	889	24⅞	24⅞	25¾	+	3/16

Затем следует значение коэффициента P/E (26 в нашем примере). Это нижняя граница недавних колебаний. В следующей колонке размещена информация о количестве акций, которые приняли участие в торгах за вчерашний день.

Далее приведена информация, которой нет в *FT*: в следующих двух колонках указана максимальная и минимальная стоимость акций за день. Наконец мы видим стоимость акций и то, как она изменилась за прошедший день.

В *Wall Street Journal* также публикуются многочисленные биржевые курсовые индексы, среди которых получили наибольшую известность промышленный индекс Доу-Джонса (*Dow Jones Industrial Average — DJIA*) и индекс *Standards & Poor 500*.

Другие страницы

Теперь быстро пройдемся по другим страницам. *FT* и *Wall Street Journal* много пишут о слияниях, поглощениях и обо всем, что имеет отношение к финансовой деятельности и владению компанией. Поскольку мы затронем вопрос финансирования только в последней главе, краткого обзора будет достаточно.

Вопрос на засыпку

Тест 5

В таблице 1.2 указано, что в торгах участвовало 28,372 млн. акций *Compusell*. Сколько акций сменили своих владельцев за вчерашний день?

Обратите внимание на алфавитный указатель в левой нижней части первой страницы *FT*, где перечислены компании. Он приведен в таблице 1.3. Страницы в газете пронумерованы, и этот указатель значительно облегчает ее чтение. Вам достаточно просто взглянуть на него и выбрать интересующие вас компании.

Таблица 1.3. Образец алфавитного указателя FT

UK		Marks and Spencer	1	Deutsche Telekom	18
Albert Fisher	16	NatWest Bank	16	Elektrim	18
BAA	26	P&O	17	HFC	2
BT	17	PPM	16	Hewlett Packard	16
British Gas	17	Premier Oil	16	IBM	18
British Telecom	3	Rank	26,16	Kellogg	17
Canary Wharf	1	Reuters	17	MediaOne	18
Co-op Bank	2	Romeike	16	MeritaNordbanken	17
Debonair	26,3	Skillsgroup	16	Olivetti	26
Emap	17	United Biscuits	16	Petronas	16
Experian	17	**Overseas**		Revlon	18
Freeserve	2	Amadeus	18	Svenska Hndlsbk	17
Glaxo Wellcome	1	Amerada Hess	16	Telecom Italia	26
GUS	17	Bank of Ireland	2	USI	18
Mansfield	16	Christiana Bank	17	Worthington Foods	17

Не пропускайте первую страницу

На момент написания этой книги на первой странице *FT* была помещена статья о том, как только что назначенный президент Европейской комиссии формирует свою команду. Эта информация относится к экономическим основам бизнеса, которые должен знать каждый деловой человек. Рядом — статья о том, как шведского производителя автомобилей призвали к ответственности за то, что он воспользовался своим влиянием и пытался воздействовать на рыночные цены путем объединения дилеров в один картель. Это должно послужить вам напоминанием о том, что бизнес регулируют не только экономические, но и юридические законы.

Голосуйте за нас

Бросается в глаза объявление на всю страницу. Его поместила компания, которая пытается обойти конкурентов и купить небольшую фирму по розничной продаже напитков. Совет директоров, обращаясь к акционерам посредством этого объявления, просит их принять условия сделки. «Сколько еще вам нужно выпить, чтобы их условия показались вам привлекательнее наших?»

Мы еще не знаем, какое решение склонен принять совет директоров покупаемой компании. В любом случае, он будет исходить из того, какой из двух потенциальных владельцев принесет больше пользы акционерам и на какие должности сможет претендовать нынешнее руководство в том и другом случае. Если вопрос удастся решить на уровне держателей самых крупных пакетов акций, то вмешательства пенсионных и профсоюзных фондов, т. е. мелких акционеров, скорее всего, не потребуется. Однако совет директоров той компании, которая поместила объявление, по всей видимости, считает, что сделка уже не за горами, раз он принял решение обратиться к держателям небольших пакетов акций, читающим *FT*.

Даже те разделы, которые посвящены обзору новостей, содержат много важной информации для ведения бизнеса. Вот большая статья об Интернете и его влиянии на банковский сектор. Следом за ней идет — какая неожиданность! — объявление на двух страницах, помещенное вторым претендентом на приобретение компании по розничной продаже напитков. В нем приведены десять причин, по которым акционеры должны сделать свой выбор в пользу именно этой компании. Мелкие акционеры не часто оказывают влияние на политику компании, но это, очевидно, исключение.

Любимая авиакомпания всего мира

Статья о *British Airways* в сегодняшнем номере *FT* прекрасно иллюстрирует, как много ценной информации содержат финансовые страницы.

- *Экономические новости.* Чтобы сэкономить средства в период спада или застоя экономической активности, многие компании сокращают бюджет транспортных расходов своих служащих. Это сказывается на *ВА*, поскольку все больше и больше людей летают экономклассом, предпочитая его бизнес-классу.
- *Текущие новости.* Иена укрепила свои позиции на рынке по отношению к фунту стерлингов. Компания *ВА* либо оказалась не готова к этому, либо же использовала раньше иену, чтобы оградить себя от последствий других возможных изменений на валютном рынке. В результате, задолженность *ВА* за покупку самолета составляет 790 млн. иен. Это изменит данные в отчетах за второй квартал приблизительно на 69 млн. ф. ст.
- *Промышленные новости.* В отчете сказано, что руководство *ВА* стремится сократить на 42 млн. ф. ст. расходы на заработную плату экипажам самолетов. В ответ на угрозы уволить одну тысячу человек многие служащие позвонили в офис и предупредили, что они не могут выйти на работу из-за плохого самочувствия. Так им удалось предотвратить сокращение штатов.
- *Новости с рынка сырья.* Авиационное топливо по-прежнему дорожает, цена за 1 тонну изменилась — со 165 долл. до 200 долл. Компания *ВА* избежала возможных потерь, купив по форвардному соглашению 70% топлива, которое ей понадобится во втором полугодии.
- *Маркетинговые новости.* Компания *ВА* отказалась от изображения на хвосте своих самолетов флага Великобритании. Теперь на самолетах будет красоваться абстрактный символ, обозначающий все страны мира. Это новшество было с восторгом воспринято за границей, но встречено в штыки в Великобритании.

Отзывы были настолько негативными, что компания решила повременить с воплощением этой идеи в жизнь на половине самолетов. Этот маркетинговый провал стоил компании и денег, и пассажиров.

- *Финансовые новости.* Прибыль *ВА* за первый квартал снизилась на 45,6% по сравнению с прошлым годом и составила 94 млн. ф. ст. В этом году самые оптимистичные аналитики ожидают от компании лишь безубыточности, в то время как в прошлом году прибыль *ВА* составила 225 млн. ф. ст.
- *Стратегические новости.* В будущем *ВА* намерена закупать небольшие самолеты, в которых больше мест бизнес-класса: они приносят бóльшую маржинальную прибыль, чем эконом-класс. Также компания собирается опровергнуть обвинения в том, что она взимает слишком большую плату за полеты в пределах Европы, предложив очередную рекламную акцию, во время которой цены на авиабилеты будут снижены. Наконец, *ВА* все еще стремится к сокращению расходов, чтобы получить свои 225 млн. ф. ст. и в этом году. В связи с этим она намерена сократить штат менеджеров приблизительно на 10%, т. е. уволить около одной тысячи сотрудников. Проблема в том, что сокращение штатов также стоит недешево — в данном случае, оно обойдется компании в 40 млн. ф. ст. Ожидаемое сокращение и натолкнуло заместителя редактора на мысль озаглавить статью «*ВА* хочет сократить тысячу рабочих мест и сохранить свои 225 млн. ф. ст.»

Вся эта информация была размещена в колонке шириной 25 см; прочитав ее, наблюдательный читатель непременно сделает для себя какие-то выводы.

Вопрос на засыпку

Тест 6

Что бы вы сделали в данных обстоятельствах: купили, оставили бы у себя или продали акции *ВА*?

Аналитики

Самая дешевая услуга, которую оказывают фондовые брокеры, — это проведение трансакции. Однако в этом случае фондовый брокер не посоветует вам, какие акции лучше сейчас купить, а какие — продать.

За дополнительнюу плату, фондовый брокер даст вам свои рекомендации, которые вы можете принять или отвергнуть. Еще вы можете сделать так, чтобы фондовый брокер полностью управлял вашим инвестиционным портфелем и не имел права голоса при принятии решения. Как правило, это самая дорогая услуга.

Точно так же компании могут нанимать на работу фондовых менеджеров, которые бы управляли огромными инвестиционными портфелями в пенсионной схеме компании.

Все вышеперечисленные факторы рождают спрос на специалистов по отдельным рыночным секторам, которые изучают состояние компаний и их продукции в течение длительного периода. Подобные аналитики делают заключения, которые вначале попадают в распоряжение главных клиентов (разумеется, за плату), а потом находят свой путь и в газеты.

Эту информацию используют журналисты при подготовке комментариев к заявлениям компаний, особенно когда речь идет об объявлении финансовых результатов. Например, о финансовых результатах *Compusell* могла бы быть написана такая статья:

Compusell Inc.: Оптимисты из ***Compusell*** предвидят повышение стоимости акций

Аналитики начали вносить коррективы в прогнозы по прибыли *Compusell* после того, как компания сообщила о внушающих оптимизм перспективах роста прибыли и объявила о слиянии с сетевой компанией *Servicefirst.com*. Этот шаг должен повысить качество обслуживания клиентов, особенно на малых и средних предприятиях.

Compusell признала 8-процентное снижение прибыли до уплаты налогов, которая теперь составляет 1 499 млн. долл. Однако акции подскочили в цене с 3⅛ долл. до 73⅛ долл. после того, как главный исполнительный директор Ларри Годелминг сказал, что объединение с *Servicefirst.com* позволит значительно сократить расходы, особенно в области предоставления услуг.

Аналитики говорят, что эти результаты приведут к внесению коррективов в прогнозы на 2003 и 2004 годы.

Мы не увидим обновленных прогнозов в газетах до тех пор, пока аналитики не покажут их своим клиентам.

Испытайте свои силы

Основная трудность, которая возникает при изучении финансовой отчетности, — это профессиональный сленг. Чтобы овладеть им, деловые люди должны взять себе за правило регулярно читать периодические издания на тему финансов. Поставьте перед собой задачу читать финансовую периодику каждую субботу на протяжении следующих двух месяцев — например, «Ведомости», которые издаются совместно с *Financial Times* и *Wall Street Journal* .

ГЛАВА 2

ФИНАНСОВЫЙ УЧЕТ

Введение

Основу хорошего бизнеса составляют в первую очередь инновации, готовность к риску и способность удовлетворить потребности клиентов. Однако это не означает, что не нужно вести учет деятельности компании. В этой главе мы вкратце поговорим об основных принципах финансового учета, данные которого затем публикуются в прессе.

В конечном счете, компания добивается успеха, продавая товары и услуги на рынках. Чтобы продать продукцию, необходимо сначала произвести ее, а для этого компании нужны деньги. С другой стороны, те, кто располагают средствами, всегда ищут способ вложить их и получить прибыль. Акционерное общество как раз и сводит вместе инвесторов и тех, кому нужны средства.

Законодательство позволяет ограничить ответственность участников акционерного общества (т. е. акционеров) номинальной стоимостью их акций. Покупая акцию стоимостью в 1 ф. ст., инвестор соглашается предоставить в распоряжение компании 1 ф. ст. и не несет никакой дальнейшей ответственности в случае ее банкротства.

?–! Достойный ответ

Совет директоров

Общество с ограниченной ответственностью дает руководству компании возможность спокойно покинуть созданный ими хаос и начать все сначала где-то в другом месте.

Из самого факта существования акционерных обществ вытекает необходимость в наличии свода правил, которым должен следовать совет директоров, чтобы предоставлять правдивую картину финансового состояния предприятия. Эти правила разработаны и изложены законодательством Соединенного королевства и США в виде стандартов бухгалтерского учета. Аудиторы используют эти стандарты, чтобы контролировать деятельность компании в ходе текущих и годовых аудиторских проверок. В теории, а часто и на практике, аудит выступает в качестве механизма, который подтверждает для акционеров и налоговых служб подлинность данных из финансовых отчетов, представленных советом директоров.

Совет директоров несет ответственность за распоряжение средствами владельцев компании. Эта обязанность подразумевает надлежащий учет деловых операций и предоставление итоговых отчетов. Чтобы реализовать эту функцию, и необходим бухгалтерский учет.

Бухгалтерский учет выполняет четыре основные функции:

- поверка на наличие ошибок и неточностей;
- предоставление руководству компании информации, необходимой для принятия решений;
- предоставление сведений для составления отчетности;
- выработка стандартов отчетности, которые нынешние и будущие владельцы компании могут использовать, чтобы оценить результаты ее предыдущей деятельности.

?–! Достойный ответ

Аудиторы

Аудиторские проверки позволяют акционерам спать спокойно, в то время как компания находится на грани банкротства. Они напоминают страховой полис, который дарит своему владельцу спокойный сон, пока воры выносят из его дома имущество. Утром хозяин просыпается и, к своему ужасу, обнаруживает в своем страховом полисе напечатанное мелким шрифтом примечание, которое говорит о том, что компенсация в данном случае ему не положена.

Именно такой механизм стоит за открытым акционерным обществом. В конечном счете, акционеры доверяют свои деньги директорам компании, чтобы те распорядились ими рационально и эффективно.

Как руководство компании использует денежные средства

После того как владельцы и кредиторы разместят свои средства на банковском счету компании, ее руководство может начать дело. Ему нужно будет приобрести основные средства — здания, транспорт и т. д. — однако менеджеры среднего звена больше внимания уделяют оборотному капиталу. Это денежные средства, которыми они распоряжаются, чтобы произвести товар и услуги, продать их и обеспечить послепродажную поддержку. Для них главные показатели, в конечном счете, сводятся к скорости движения денежных потоков в цикле оборотного капитала.

Общая модель предприятия

Для лучшего понимания финансовой системы предприятия полезно иметь перед глазами схему денежных потоков внутри его. Именно такая схема изображена на рис. 2.1.

В своей деятельности компания использует капитал, полученный от акционеров и кредиторов. Этот акционерный капитал влечет за собой ожидания, что компания будет выплачивать прогнозируемые дивиденды. После выплаты всех налогов и дивидендов в компании остается нераспределенная прибыль, которая принадлежит акционерам. В большинстве случаев капитал владельцев акций наращивается на ежегодной основе.

Капитал поступает в компанию в виде денежных средств; это первый этап цикла оборотного капитала. Руководство тратит эти деньги, например, на сырье, рабочую силу, накладные расходы в случае, если компания занимается производством, и — главным образом на рабочую силу, если она работает в сфере услуг. Производство приводит к появлению готовой продукции, которую компания продает клиентам либо за наличные средства, либо в кредит. В сфере услуг у компании нет запасов, но в периоды спада деловой активности у нее может быть незанятая рабочая сила. Рабочую силу, разумеется, нельзя приравнять к запасам, потому что ее невозможно сохранить для будущего использования. Вспомните положение *HAR* в период спада.

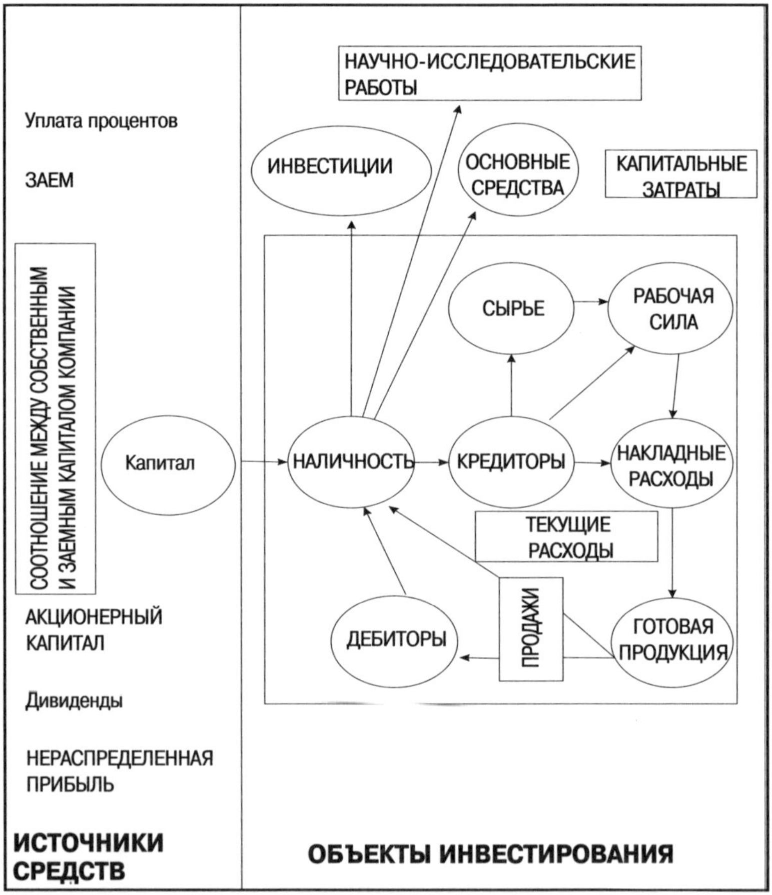

Рис. 2.1. Обобщенная модель денежных потоков предприятия

Кредиторы появляются в цикле оборотного капитала, когда компания приобретает товары или услуги в кредит.

Достойный ответ

Супермаркеты и авиакосмическая промышленность

Если мы посмотрим на бухгалтерскую отчетность крупного продуктового супермаркета *Tesco*, то увидим, что за последнее время временной промежуток между получением товаров и появлением выручки от ее реализации на банковском счету составляет менее 20 дней. Принимая во внимание тот факт, что срок расчетов с кредиторами составляет 25 дней, мы убеждаемся, что все потребности этого супермаркета в оборотном капитале удовлетворяются за счет заемных средств.

Однако все происходит не так просто, когда вы продаете сложную и дорогую продукцию, а клиенты должны принимать взвешенное решение о покупке.

Ведущее предприятие авиакосмической индустрии *BAe* хранит свою продукцию на складе в среднем сто дней, прежде чем средства от ее продажи начинают поступать на банковский счет.

Вопрос на засыпку

Тест 7

Разумеется, хранение товарно-материальных запасов сопряжено с определенными расходами. Необходимо оплачивать аренду помещения, освещение, отопление, охрану склада, труд людей, которые там работают, страховку и т. п., в зависимости от особенностей хранимого товара.

Многие компании складывают все эти статьи расходов, высчитывают один показатель (стоимость хранения запасов) и уже на его основе планируют снижение расходов.

На протяжении года средний объем товарно-материальных запасов компании составляет 108 тыс. ф. ст. Менеджеры подсчитали, что каждый день хранения на складе среднестатистического товара обходится, опять-таки в среднем, в 0,005% от его стоимости. Если средняя продолжительность хранения товара на складе составляет 40 дней, какой процент от стоимости запасов компания должна будет заплатить только за его хранение?

Супермаркет — это пример предприятия, которое благодаря своей природе может значительно ускорить движение денежных потоков в цикле оборотного капитала.

На этих примерах мы видим, что в идеале сырье и детали использовались бы в производстве в день их поставки, товары покупались бы сразу же после того, как они сошли с конвейерной ленты, а клиенты платили бы по счетам в день заключения сделки.

В действительности же мир очень далек от утопии, описанной выше, и поэтому сделать работу компании, по крайней мере, такой же эффективной, как и у конкурентов, не говоря уже о конкурентном преимуществе, можно лишь с помощью значительных организационных усилий.

Расходы, произведенные на отдельных этапах цикла оборотного капитала, называют текущими расходами, их главная цель — обеспечение доходов компании. Они относятся к прямым расходам, которые вычитаются из прибыли предприятия.

Практический совет

Если вы решили открыть новый бизнес, вам потребуется оборотный капитал в размере 20–30% от ожидаемого дохода от продаж.

Если компания получает прибыль, она будет, как правило, получать и денежные средства. Руководство использует эти средства для долговременного развития компании, вкладывая их в основные средства, научно-исследовательские и опытно-конструкторские работы. Компания может также вложить средства в другие предприятия путем приобретения части или всех их акций. Полная стоимость капитальных затрат, как правило, не вычитается из суммы прибыли того года, когда было сделано инвестирование, а распределяется во времени. Это явление получило название амортизации.

***Compusell Inc.* и амортизация**

Амортизация — это метод перенесения стоимости основного капитала на прибыль в течение всего периода его полезного использования. Это понятие часто толкуют неправильно, поэтому имеет смысл поговорить о нем подробнее.

Предположим, *Compusell* покупает оборудование стоимостью 65 тыс. долл. для

одного из своих заводов. Предполагается, что через пять лет оно превратится в лом стоимостью 5 тыс. долл. Таким образом, снижение стоимости оборудования на 60 тыс. долл. нужно перенести на прибыль. Было бы несправедливо вычесть из прибыли все 60 тыс. долл. сразу, поэтому эта сумма распределяется между прибылью, которую компания получит за пять лет полезного использования оборудования.
Проще всего разбить 60 тыс. долл. на пять частей и начислять 12 тыс. ежегодно. Это так называемый равномерный метод начисления амортизации, именно он чаще всего и используется на практике. В конце года оборудование будет включено в бухгалтерский баланс с остаточной балансовой стоимостью в 53 тыс. долл. (первоначальная цена минус ежегодное отчисление 12 тыс. долл.). В конце второго года остаточная балансовая стоимость оборудования составит 41 тыс. долл. и т. д. Обратите внимание, что остаточная балансовая стоимость не обязательно должна отображать продажную цену основного средства, потому что компания не собирается продавать его в ближайшее время.

Внимание: налоговые службы настаивают на другом методе начисления амортизации, о котором мы поговорим позже.

А сейчас мы возьмем общую модель предприятия за образец и немного усложним ее.

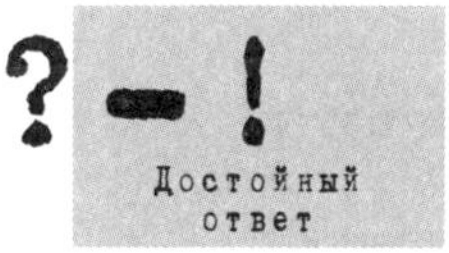

О чем предпочитают молчать бухгалтеры
Когда компания проводит оценку основных средств, они могут быть уже устаревшими. При этом компания исходит из исторической цены, т. е. себестоимости за вычетом амортизации. Эта цифра не обязательно отображает реальную стоимость основных средств на данный момент.
Не забудем также, что решение об амортизации принимает совет директоров. Оно не имеет никакого практического значения, поскольку основные средства давно уже могли быть куплены, а деньги за них уплачены.

Финансовая служба предприятия (будь она внешней или внутренней) регулярно отчитывается перед акционерами о работе за истекший период. Отчеты публикуются каждые шесть месяцев или ежеквартально, однако наибольшее внимание привлекает именно годовой отчет. Далее в этой главе мы рассмотрим три основных документа финансовой отчетности: *отчет о прибылях и убытках, бухгалтерский баланс и отчет о движении денежных средств.*

Отчет о прибылях и убытках

Отчет о прибылях и убытках знаком многим руководителям. Это естественно, поскольку даже далекие от экономики люди понимают, что целесообразно будет сравнить то, сколько они зарабатывают, с тем, сколько они расходуют. Поговорим об этом документе и прокомментируем каждый из его пунктов, а потом рассмотрим некоторые примеры.

Точка зрения профессионала

Терри Смит

Терри Смит — один из авторитетнейших специалистов в области анализа финансовой отчетности компаний, в особенности крупных и стабильных корпораций. В 1992 году он написал книгу под названием *Accounting for Growth* (Century Business). Этот труд наделал много шума; в нем автор «сорвал маски» с отчетов, предоставленных более чем ста компаниями. (Неудивительно, что на обложке было написано: «Книга, которую пытались запретить».) Терри Смит также стоял у истоков многочисленных изменений и поправок в бухгалтерских стандартах, призваных устранить описанные им «узкие места». Некоторые факты из его книги заслуживают упоминания здесь, несмотря на то что многие лазейки уже закрыты соответствующими законами. Они помогут нам понять, как использовались дым и зеркала, чтобы нарисовать весьма далекую от правды картину о положении дел в компании. Мы также поговорим об «узких местах», которые все еще таят в себе потенциальную опасность. Здесь они будут помещены под заголовком «Творческая бухгалтерия». Некоторые из них мы отыскали сами, но в большинстве случаев мы обязаны этим Терри Смиту. Правила, которые исправляют эти огрехи бухгалтерского учета, объединены под названием «Стандарты финансовой отчетности» (*Financial Reporting Standards — FRS*). Мы расскажем, что привело к изменению того или иного пункта *FRS*.

Отчет о прибылях и убытках составляется за определенный промежуток времени. Большинство крупных компаний публикует его два раза в год. В третьем квартале они предоставляют вниманию всех заинтересованных лиц отчет за первую половину года, в т. ч. и по сравнению с результатами за первую половину предыдущего года. В первом квартале следующего года публикуется отчет за весь год.

Отчет о прибылях и убытках сопоставляет доходы от продаж, полученные на протяжении определенного промежутка времени, и затраты, которые были связаны с продажами. Подсчеты производятся по методу начислений. Таким образом, доход исчисляется за все проданные товары вне зависимости от того, была проведена их оплата на конец отчетного периода или нет. Расходы также будут включать себестоимость всех проданных товаров и предоставленных услуг на конец отчетного периода. Возможно, они не были оплачены или даже не отмечены в балансе, однако они все равно учитываются.

Таблица 2.1. Отчет о прибылях и убытках

	Продажи
	– Себестоимость реализованной продукции
=	Валовая прибыль
	– расходы на сбыт и распространение
	– административные расходы
=	Операционная прибыль (до уплаты налогов и процентов)
	– уплата процентов
=	Чистая прибыль до уплаты налогов
	– уплата налогов
=	Прибыль для акционеров
	– дивиденды
=	Нераспределенная прибыль

Далее следует описание отчета о прибылях и убытках, а также некоторые пояснения. Не забывайте о словаре терминов в конце книги, где вы найдете подробные определения некоторых слов из финансового сленга.

Как видно из таблицы 2.1, верхнюю строчку в отчете о прибылях и убытках занимают продажи. Иногда там пишут «доходы», «чистый доход» или «объемы продаж».

Затем мы вычитаем себестоимость реализованной продукции. Для книжного магазина это будет закупочная цена каждой проданной книги, а для производителя — прямые расходы на производство.

В результате мы получаем *валовую прибыль* и можем подсчитать валовую маржу. Это крайне важный показатель; он характеризует то, насколько эффективно руководство компании справляется со своей задачей.

Одной из самых важных характеристик деятельности компании является валовая маржа, точнее, валовые маржи, потому что большинство компаний продают несколько товаров и услуг, у которых может быть разная маржа. Валовая маржа продукции — это валовой доход, выраженный в процентном соотношении к цене продажи.

Вопрос на засыпку

Тесты 8 и 9

Если закупочная цена товара составляет 100 долл., а цена продажи — 125 долл., какой будет валовая маржа?

Если себестоимость товара составляет 1 тыс. долл., а рынок устанавливает на него цену в 1 600 долл., какой будет валовая маржа производителя?

В большинстве случаев маржа, к которой стремится компания, оправданна. Например, если необходимо предоставлять клиентам послепродажное обслуживание и поддержку, валовая маржа должна быть очень высокой. Это также объясняет, почему расходы на послепродажное обслуживание вычитаются из валовой прибыли.

Было достаточно интересно наблюдать, как индустрия информационно-вычислительных технологий отказывалась, причем достаточно болезненно, от универсальных вычислительных машин с высокой маржей в пользу персональных компьютеров с низкой маржей. Эта перемена была столь трудной, что практически ни одной компании не удалось избежать потерь. Например, консервативность и медлительность стоили компании *IBM* около 9 млрд. долл.

Compusell, Inc.

В ассортименте продукции *Compusell, Inc.* можно найти как высоко-, так и низкомаржинальную продукцию. В частности, компания продает:

- **компьютерные решения с аппаратным обеспечением, пакеты программного обеспечения и персонализированные программные решения;**
- **компьютерные системы;**
- **периферические устройства и расходные материалы, например принтеры и картриджи к ним.**

Компьютерные решения — это самая высокомаржинальная продукция. Сочетание аппаратного и программного обеспечения создает значительную потребительскую ценность. Чтобы полностью удовлетворить клиента, может потребоваться обширная техническая поддержка, и ее стоимость будет включена в заявленную цену. Помните, что конкуренты должны поступить точно так же.

На среднем уровне находятся компьютерные системы. Конкурентное давление препятствует повышению цен, и в любом случае само по себе аппаратное обеспечение гораздо менее ценно. В данном случае компании придется вести в основном ценовую конкуренцию.

Самые низкомаржинальные товары — с третьего уровня, где ожесточенная конкуренция оказывает сильное давление на цены.

Валовая маржа служит хорошей отправной точкой при анализе отчетов о деятельности той или иной компании.

Из валовой маржи мы вычитаем текущие расходы. Для удобства выделяются *административные расходы и расходы на сбыт и распределение*. По самим названиям легко догадаться, что к чему относится. Например, расходы главного офиса компании будут классифицированы как административные, а покупка фургонов для доставки товара будет расценена как расходы на сбыт и распределение. В некоторых секторах экономики различия между этими двумя видами расходов играют большую роль, однако обычно они не столь существенны.

Сейчас мы не станем уделять им слишком много внимания, но в главе 5 еще вернемся к ним, когда будем говорить об управленческом учете.

Вопрос на засыпку

Тест 10

Кто покажет более низкую маржу — компания, которая продает коммерческие самолеты, или туристическое агентство, которое предлагает туры?

В результате вычитания мы получаем *операционную прибыль*. Ее еще часто называют прибылью до уплаты процентов и налогов или *EBIT* (earnings before interest and tax).

Уменьшив ее на сумму процентных выплат, мы получаем чистую прибыль до уплаты налогов (net profit before tax). Здесь нет общепринятого правила, однако в большинстве случаев именно этот показатель используют для сравнений. Например, если в деловом издании написано «прибыль упала», вероятнее всего, автор имел в виду этот показатель из отчета о прибылях и убытках.

?–! Достойный ответ

Творческая бухгалтерия

Когда компания продает какую-то часть основных средств, в особенности имущество, она, естественно, получает прибыль, которая включается в *EBIT*. Очевидно, что в следующем году она уже не сможет продать эти же основные средства, так что показатель *EBIT* нередко бывает обманчивым. Стандарт *FRS 3* устранил эту проблему, обязав компании выделять подобного рода прибыль в отдельную статью.

Было время, когда в отчете о прибылях и убытках под *EBIT* значилась «Экстраординарная статья», в которую компания включала различные расходы. Крайне важный показатель прибыли на акцию (earnings per share — *EPS*) рассчитывался в то время на основе *EBIT*, и эти расходы в него не включались. Теперь вы видите, как с помощью вынесения расходов в отдельную статью, что было совсем не сложно, значение *EPS* постоянно завышалось.

Теперь *EPS* рассчитывается на основе прибыли с учетом всех расходов, но творческая бухгалтерия не сдается. Она выносит некоторые единовременные расходы в отдельную статью и часто показывает альтернативное значение *EPS*. Человек, который читает отчет, составленный подобным образом, приходит к выводу, что в нем занижена действительная прибыль. Интересно отметить, что лишь немногие компании выделяют подобным образом непредвиденную прибыль, потому что в этом случае читателям бы показалось, что показатель прибыли, указанный в отчете, преувеличен.

Затем совет директоров выплачивает *налоги* и *дивиденды* и мы получаем средства, которые остаются в бизнесе. *Нераспределенная прибыль* — это статья, которая объединяет отчет о прибылях и убытках с бухгалтерским балансом, и чуть позднее мы в этом убедимся.

Ниже приведен отчет о прибылях и убытках компании *HAR Plc.* за 2003 год:

	Код строки	2003 (£000's)	2002 (£000's)
Доход от продаж	1	10 284	13 856
Прямые расходы	2	7 676	9 645
Валовая прибыль	3	2 608	4 211
Административные расходы	4	1 925	1 853
Операционная прибыль		683	2 358
Проценты к уплате	5	526	280
Прибыль от основной деятельности до уплаты налогов		157	2 078
Налог на прибыль от основной деятельности		24	648
Прибыль от основной деятельности после уплаты налога		133	1 430
Дивиденды	6	225	225
Нераспределенная прибыль за финансовый год	7	–92	1 205
Прибыль на акцию	8	0,14	1,49

Глядя на отчет о прибылях и убытках, Энди отмечает следующее:

1. Доходы от продаж значительно снизились.
2. Прямые расходы — это расходы на производство, заработную плату и т. д., решение по которым принимает руководство. Они должны быть минимальными, потому что, когда спрос на продукцию падает, их невозможно пропорционально сократить. Подробнее мы поговорим об этом в главе 5.
3. Более низкая валовая маржа в 2003 году — 25% по сравнению с 30% в предыдущем году — вызвана, с одной стороны, уменьшением объемов продаж и более низкими ценами продажи, а с другой — невозможностью сократить прямые расходы, как было сказано в пункте 2.
4. Несмотря на уменьшение объемов продаж, административные расходы повысились. Компания рассчитывала на расширение, а когда начались экономические неурядицы, ей не удалось быстро сократить эти непрямые расходы.
5. Процентные выплаты увеличились: компания взяла взаймы больше средств, чтобы оживить денежные потоки.
6. Бывший главный менеджер решил не менять дивидендные выплаты, чтобы успокоить акционеров. Принимая во внимание теперешнее положение компании, ему бы следовало честно во всем признаться и уменьшить или приостановить выплаты.
7. Нераспределенная прибыль, которую часто называют резервом, причисляется к средствам акционеров, отображенным в бухгалтерском балансе.
8. Резкое падение значения EPS — это неизбежный результат всех вышеописанных проблем.

Бухгалтерский баланс

Бухгалтерский баланс — это более сложное явление, чем отчет о прибылях и убытках, однако вместе эти два документа позволяют лучше оценить финансовое благополучие и состояние компании. Высшее руководство уделяет больше внимания данным баланса, в то время как менеджеров среднего звена заботит скорее прибыль в краткосрочном периоде.

Одно из различий между этими двумя документами заключается в том, что отчет о прибылях и убытках показывает, что произошло на протяжении какого-то времени, а бухгалтерский баланс, словно моментальный снимок, запечатлевает положение дел в какой-то момент времени. Этим моментом может быть любой день, но чаще всего баланс подводится к концу финансового года и публикуется вместе с годовым отчетом.

Две составляющие бухгалтерского баланса — активы и пассивы (обязательства) — как правило, приведены одна над другой, и само название этого финансового документа говорит о том, что они должны быть равны. В балансе нужно показать, в какие активы вложено каждое пенни, которое включено в обязательства компании. Давайте рассмотрим все по порядку. В таблицах 2.2 и 2.3 приведены самые распространенные формы баланса в Соединенном Королевстве и США соответственно. Нужно также заметить, что некоторые компании размещают две части баланса рядом, а не одну над другой, чем значительно усложняют себе жизнь.

То, чем владеет компания, называют *активами*, а то, что она должна, — *обязательствами*.

Таблица 2.2. Форма баланса (Соединенное Королевство)

Активы

Текущие активы

Денежные средства

Счета к получению

Товарно-материальные запасы

Основные средства

Материальные активы

Нематериальные активы

Долгосрочные инвестиции

Обязательства и собственный капитал

Текущие обязательства

Краткосрочные обязательства

Счета к оплате (кредиторская задолженность)

Долгосрочные обязательства

Другие обязательства

Собственный капитал

Выпущенные акции

Нераспределенная прибыль

Таблица 2.3. Форма баланса (США)

Активы

Основные средства

Материальные активы

Нематериальные активы

Инвестиции

Текущие активы

Товарно–материальные запасы

Дебиторская задолженность

Денежные средства в кассе и на банковских счетах

Обязательства со сроком погашения менее 1 года

Обязательства, срок погашения которых превышает 1 год

Резервы предстоящих расходов и платежей

Капитал и резервы

Акционерный капитал

Дополнительно оплаченный капитал

Резервы

Счет прибылей и убытков

Мы группируем активы по временному признаку. *Текущие активы* — это активы, которые компания может превратить в денежные средства в течение одного года:

- *Товарно-материальные запасы* — запасы готовой продукции, которая еще не продана или не поставлена. Производители также относят сюда незавершенное производство и сырье.
- *Дебиторская задолженность* — сумма задолженностей покупателей перед компанией по неоплаченным счетам-фактурам.
- *Денежные средства* — самые ликвидные из всех активов.

Активы, которые приносят прибыль в течение длительного промежутка времени, называют *основными средствами*. К ним относят *материальные* и *нематериальные активы*.

Материальные активы магазина представлены, например, предметами меблировки и декора, а завода — оборудованием и оснасткой.

?–! Достойный ответ

О чем предпочитают молчать бухгалтеры

На самом деле, далеко не все активы, по разным причинам, находят свое отражение в балансе. Это мало беспокоит служащих компании, поэтому такие активы, как торговые марки, часто опускаются. Логично было бы предположить, что право производить продукцию под названием *Mars Bars* чего-то стоит, но в бухгалтерском балансе это не отображено. Помните, как трудно было оценить *HAR*? Компания должна обладать какой-то стоимостью, потому что у нее есть опыт и клиентская база, однако репутация также не была показана в балансе.

Вопрос на засыпку

Тест II

Если не все активы отображены в балансе, как оценить стоимость компании в целом?

Земля и имущество — эти активы отличаются тем, что могут повышаться в цене с течением времени. Это удорожание фиксируется время от времени с помощью независимых экспертиз. Несмотря на это, амортизация начисляется на эти активы, как и на любые другие.

Нематериальные активы все реже и реже включаются в бухгалтерский баланс. Компании питают обоснованное подозрение в отношении активов, которые имеют ценность, но не имеют материальной формы. Передача базы данных клиентов, которая происходит при поглощении компании, возможно, составляет исключение, и вскоре вы сами в этом убедитесь.

Достойный ответ

Творческая бухгалтерия

Если компания вкладывает средства в научно-исследовательские работы, у нее есть два способа отобразить их в отчетности. Можно списать расходы с прибыли того года, когда они были произведены, либо же капитализировать их. Чтобы капитализировать расходы, компания заявляет, что научно-исследовательская работа будет сохранять ценность на протяжении многих лет, поэтому ее следует отнести к основным средствам и начислять амортизацию. Капитализация улучшает ситуацию с прибылью в краткосрочном периоде и ухудшает ее в долгосрочном, поскольку амортизация будет «съедать» часть прибыли в последующие годы. Одна авиакосмическая компания, разрабатывавшая дорогостоящие авиадвигатели, несла очень большие расходы на научно-исследовательскую работу. Она воспользовалась этим методом, чтобы скрыть настоящую рентабельность, затем делала это долгое время и капитализировала крупные суммы денег. В конце концов, она исчерпала все имевшиеся в ее распоряжении денежные средства и разорилась.

Достойный ответ

Творческая бухгалтерия

Торговые марки, как мы уже говорили, имеют стоимость, которая часто не отображена в балансе. Если бы торговая марка покупалась непосредственно или же путем приобретения у компании, которая ранее владела правами на нее, имело бы смысл капитализировать ее и начислять амортизацию. Если же вы сами создаете торговую марку, вы не можете ее капитализировать. (Вы же не можете печатать деньги, чтобы потом капитализировать их.) Вы получили прибыль от продажи продукции, которая была завернута в упаковку с названием и логотипом данной торговой марки. Вы не можете увеличить эту прибыль, провозгласив, что торговая марка несет в себе нематериальную ценность и должна быть причислена к основным средствам. Сейчас это запрещено стандартом FRS 10.

Еще один распространенный вид основных средств включает *торговые инвестиции*. Это покупка акций других компаний, которыми совет директоров планирует владеть на протяжении непродолжительного периода времени.

HAR Plc

Среди проблем, которые унаследовал Энди, была капитализация баз данных по клиентам и трудовым ресурсам компании. Их стоимость, указанная в балансе, составляет более 1 млн. ф. ст. Кредиторы могут и не принять это во внимание при оценке кредитоспособности *HAR.*

Вы поступите разумно, если признаетесь хотя бы самому себе, что реальная стоимость активов отличается от бухгалтерской. Это поможет вам добиться лучших результатов.

А теперь поговорим об обязательствах.

Мы будем использовать те же термины. Текущие обязательства — это обязательства, которые необходимо выплатить в течение ближайших 12 месяцев. В балансе часто пишут: «Кредиторская задолженность со сроком погашения до 1 года».

В эту категорию мы включаем:

- *овердрафт*, который банк может отозвать в любое время;
- любые *краткосрочные займы,* которые компания должна будет выплатить в следующем году;
- *кредиторские счета к уплате*, включая самый важный пункт — «Коммерческие кредиты», т. е. неоплаченные счета-фактуры;
- если компания уже объявила о *выплате дивидендов*, но еще не произвела ее, эта статья будет отнесена к текущим обязательствам;
- *налоги* — это часто встречающийся в этом разделе баланса пункт, ведь их компания также должна уплатить в течение 12 месяцев.

О текущих обязательствах достаточно. Долгосрочные обязательства делятся на долгосрочные внешние обязательства и обязательства перед акционерами (т. е. средства акционеров). Внешние обязательства включают:

- *долгосрочные займы;*
- *резервы предстоящих расходов и платежей*. Большинство форм бухгалтерского баланса предусматривает эту статью. Она включает обязательства, которые компания,

возможно, должна будет выполнить, однако не в текущем году. Самый распространенный пример — отсроченная уплата налогов. Еще в этой статье могут присутствовать возможные обязательства, связанные с реструктуризацией компании или судебными процессами.

?–! Достойный ответ

Творческая бухгалтерия

Раньше компании часто создавали резервы, чтобы переместить расходы из одного периода на другой и сделать финансовые результаты более привлекательными. Хороший пример — резервы на оплату ремонтных работ. Стандарт *FRS 12* запрещает этот вид резервов, кроме тех случаев, когда компания уже имеет денежное обязательство, которое вытекает из события, произошедшего до даты публикации баланса. В прошлом совет директоров мог по своему усмотрению решать, когда включать в баланс отсроченную уплату налогов. Законодательство разрешало признавать и отображать в финансовой отчетности только те обязательства, которые, по мнению руководства, должны были принять в ближайшем будущем отчетливую форму. Таким образом, компании могли обрабатывать данные так, чтобы получить наиболее выгодный для себя результат. Новый стандарт *FRS 19*, который вступил в силу в начале 2002 г., заменил старую практику новым методом полного резервирования.

Нам остается рассмотреть средства акционеров, которые, как правило, включают три компонента.

- *Акционерный капитал*, который обычно равен номинальной стоимости всех выпущенных акций. Номинальная стоимость большинства акций в Соединенном Королевстве составляет 25 пенсов, в США — 1 долл. Если бы совет директоров принял решение выпустить больше акций, чтобы привлечь капитал, он бы продавал их по цене, приближенной к рыночной. Разница между этими двумя числами составляет *надбавку к номинальной цене*.
- *Резервы*, или нераспределенная прибыль, как мы уже убедились, также принадлежат акционерам. С течением времени резервы наращиваются, компании, которые

ведут свою деятельность уже давно, сосредоточили в них достаточно много средств. Нужно особо упомянуть пункт «Учет прибылей и убытков», в котором отражена нераспределенная прибыль прошлых лет. Вам могут встретиться также переоценочные резервы, которые создаются при переоценке стоимости активов.

- И наконец, *доля участия дочерних компаний*. Этот показатель чем-то похож на резервы. Он отображает часть резервов, которая принадлежит дочерним компаниям. Право на нераспределенную прибыль в данном случае принадлежит акционерам не только материнской компании, опубликовавшей отчет, но и дочерней.

Опять-таки, терминология может меняться от компании к компании. Здесь мы приводим баланс *Compusell* за 2003 год.

	2003 $m	2002 $m
Активы		
Текущие активы		
Денежные средства и их эквиваленты	3 360,9	2 309,8
Краткосрочные инвестиции	1 519,5	1 125,6
Счета к получению	4 685,7	4 618,0
Финансовые вложения	1 142,9	844,4
Товарно-материальные запасы	4 649,6	5 085,0
Прочие текущие активы	2 692,5	1 766,8
Всего текущих активов	18 051,1	15 749,6
Здания, сооружения и оборудование	4 780,5	4 745,9
Долгосрочные инвестиции и другие активы	4 309,0	3 375,9
Всего активов	27 140,6	23 871,4
Обязательства и собственный капитал		
Текущие обязательства		
Векселя к уплате и краткосрочные займы	936,1	921,8
Счета к уплате	2 408,3	2 394,7
Оплата труда и пособия	1 329,3	1 295,5
Налог на прибыль	2 102,3	1 139,1
Доходы будущего периода	1 092,5	866,2

Другие срочные обязательства	2 261,6	1 818,0
Всего текущих обязательств	10 130,1	8 453,3
Долгосрочные займы	1 551,1	2 374,4
Другие обязательства	915,8	915,1
Обязательства и непредвиденные расходы		
Акционерный капитал		
Обычные акции стоимостью 1 долл.		
Надбавка к номинальной цене	1 545,1	892,5
Нераспределенная прибыль	12 998,5	11 254,1
Всего акционерного капитала	14 543,6	12 146,6
Всего обязательств и акционерного капитала	27 140,6	23 871,4

Завершая разговор об отчете о прибылях и убытках, а также о бухгалтерском балансе, мы бы порекомендовали вам чаще обращаться к примечаниям. Они содержат подробное объяснение изложенных пунктов и, как правило, многое проясняют. Однако бывают случаи, когда примечания лишь затуманивают общую картину.

?–! Достойный ответ

Творческая бухгалтерия

Как мы убедились, существуют расходы, которые необходимо вычесть из прибыли текущего года, и расходы, которые можно списывать с прибыли постепенно, через амортизацию. Мы также имеем резервные фонды, которые создаются на случай будущих расходов. Зачем же нам нужна статья «Непредвиденные расходы»? Вы найдете ее в примечаниях. Вопрос в том, соответствует ли эта статья непредвиденным расходам и нужно ли создавать на ее основе резерв, который уменьшит нераспределенную прибыль и акционерный капитал? Как правило, в статью «Непредвиденные расходы» включаются расходы, которые компания может понести в результате каких-то будущих, не зависящих от нее событий.

Отчет о движении денежных средств

Все менеджеры следят за учетом прибылей и убытков; толковые менеджеры понимают, насколько важно управлять денежными средствами. Любой человек, работающий сам на себя, знает, что такое денежные потоки. Хуже разбираются в этом понятии служащие крупного концерна, потому что там, в большинстве случаев, о денежных потоках заботится ограниченный круг специалистов. В итоге у менеджеров среднего звена создается впечатление, что у компании есть бездонный котел денежных средств и что она в любое время сможет выполнить свой бюджет.

Мелкие предприятия проводят оценку денежных потоков часто, чуть ли не ежедневно, поскольку они стремятся расширить свои размеры, не затрачивая больше денежных средств, чем они могут позволить себе на данном этапе. Однако даже для крупных компаний денежные потоки во многом определяют их способность реализовать выработанную стратегию.

Точка зрения профессионала

Артур Хамфрис, генеральный директор *ICL*

Когда Артур Хамфрис инструктировал один учебный центр по поводу того, какие вопросы нужно включить в тренинги для менеджеров среднего звена, он сказал: «В конечном счете, научите их тратить деньги компании как свои собственные». Мы еще не раз убедимся в мудрости этих слов.

Хорошая организация работы предполагает, что компания уведомляет всех заинтересованных лиц о состоянии денежных потоков и целях, которые она ставит себе в этой связи. Как мы уже убедились, предприятию не обязательно грозит банкротство, если его деятельность не приносит прибыль; оно просто выходит из этого бизнеса, или же его поглощает другая компания, потому что у него самого нет денежных средств для оплаты счетов.

Мы уже отметили значимость ситуации с денежными потоками, которая может разительно отличаться от ситуации с прибылью. Мы увидели, как компания, получая прибыль, может стремительно приближаться к банкротству. Поэтому председатель правления, который намерен выполнить свои обещания по дивидендным выплатам, должен обязательно иметь в своем распоряжении и денежные средства, и прибыль.

Для руководителей среднего звена отчет о движении денежных средств часто играет меньшую роль, чем информация, которую они получают из управленческих отчетов, однако мы все-таки взглянем на него.

Стандартная форма отчета о движении денежных средств приведена в таблице 2.4.

Таблица 2.4. Отчет о движении денежных средств

Чистый приток денежных средств в результате операционной деятельности
Движение денежных средств в результате инвестиционной и финансовой деятельности
Налоги
Капитальные расходы и финансовые инвестиции
Приобретения и продажи
Выплаченные дивиденды
Финансирование
Управление ликвидными активами
Изменение денежных средств за данный период
Соотношение чистого денежного потока и чистой задолженности

Чистый приток денежных средств в результате операционной деятельности

Первой статьей в отчете идет чистый приток денежных средств в результате операционной деятельности. Чтобы оценить его, можно использовать отчет о прибылях и убытках, однако в этом случае вам придется приложить усилия, чтобы согласовать примечания к счетам (в частности, определить, что именно следует относить к операционной деятельности). Одно из основных различий между отчетом о прибылях и убытках и отчетом о движении денежных средств связано с амортизацией.

Этот показатель понижает прибыль либо через себестоимость, если актив используется в производстве, либо через затраты на сбыт, если актив используется при реализации. Разумеется, денежные средства для оплаты активов были списаны со счета тогда, когда компания их получила. Поэтому, чтобы согласовать этот вопрос, нужно прибавить к чистому денежному притоку амортизационные начисления. Это важно учитывать при оценке инвестиций, о которой мы поговорим в следующих главах.

Движение денежных средств в результате инвестиционной и финансовой деятельности

В этой статье указывается, сколько компания заплатила и получила за финансовые услуги и предоставление кредитов.

Налоги

Следующая статья отчета о движении денежных средств — налоги.

Капитальные расходы и финансовые инвестиции

К этой статье относятся расходы на приобретение и списание основных средств, а также торговые инвестиции.

Приобретения и дивестирование (продажа)

Когда компания приобретает или продает весь бизнес или его значительную часть, денежные последствия этого шага отображаются в данной статье. Статьи баланса, в которые вносились изменения в процессе купли-продажи, указаны в примечаниях. Очевидно, что подобные действия влияют на общий итог баланса и играют немаловажную роль, если компания объявила о курсе на приобретение. Обратите внимание, что оттоки денежных средств указываются в скобках.

Выплаченные дивиденды

Это сумма дивидендных выплат акционерам. Как правило, приводимая здесь цифра отличается от той, которая указана в соответствующей статье отчета о прибылях и убытках. В отчете о движении денежных средств указываются дивиденды, реально выплаченные в течение года, включая окончательное дивидендное предложение прошлого года, но исключая текущее дивидендное предложение, выплаты по которому будут произведены в следующем году.

В отчете о прибылях и убытках указаны дивиденды по отношению к прибыли текущего года независимо от того, были они уже выплачены или нет.

Так же обстоит дело и со статьей «Капитальные расходы и финансовые инвестиции», о которой мы говорили выше. В любом случае, отчет о движении денежных средств отображает сумму, которая была действительно выплачена и получена, а отчет о прибылях и убытках — счета к оплате или к получению. Как правило, это не играет большой роли, только при оценке инвестиций, где денежные потоки выступают главным фактором принятия решения.

Финансирование

В этой статье показаны изменения в структуре используемого капитала.

Изменение денежных средств за данный период

Эта статья отображает итоговое изменение денежных средств.

Соотношение чистого денежного потока и чистой задолженности

Эта статья предусмотрена законодательством Соединенного Королевства как обязательная. Она описывает изменение чистой задолженности и дает возможность сопоставить отчет о движении денежных средств с бухгалтерским балансом.

В заключение добавим, что отчет о движении денежных средств отражает соотношение между прибыльностью и способностью генерировать денежные средства. Как мы уже видели, прибыль без денежных средств может привести к краху. Поэтому аналитики часто оценивают стоимость компании исходя из теперешней стоимости ее будущих денежных потоков. Отчет о движении денежных средств за какой-то период может оказаться полезным по двум причинам. Во-первых, он предоставляет в распоряжение аналитиков показатели не только прибыли, но и состояния денежных средств. Во-вторых, с его помощью можно судить, насколько точными были финансовые прогнозы, которые предшествовали данному периоду.

Испытайте свои силы

Посмотрите на то, что вы производите и продаете. Хорошо ли вы понимаете, на какие счета прибылей и убытков оказывает влияние ваша деятельность? Смогли бы вы добиться лучших результатов при условии изменения и улучшения этих показателей? И последнее: подумайте, что можно сделать, дабы оздоровить и оптимизировать денежные потоки компании.

ГЛАВА 3

ИНТЕРПРЕТАЦИЯ ФИНАНСОВЫХ РЕЗУЛЬТАТОВ

Введение

В этой главе мы поговорим о финансовых коэффициентах, которые используются на корпоративном уровне для сопоставления результатов предыдущего и текущего года, одной компании с другой. Начнем с краткого обзора четырех главных коэффициентов, которые многое могут поведать о финансовом состоянии компании. Затем мы поговорим об эталонном тестировании. Наконец проследим, как значения коэффициентов меняются со временем и как различное финансовое состояние компании привлекает различных инвесторов.

Обзор четырех ключевых коэффицентов

В главе 1 мы рассматривали основные коэффициенты, которыми пользуются инвесторы, а теперь поговорим о коэффициентах, которые применяются для анализа на корпоративном уровне. Они публикуются в годовом отчете компании и обсуждаются на страницах деловой прессы.

Менеджеры высшего звена придают столь большое значение этим коэффициентам, поскольку они в известной степени определяют стоимость акций, стратегию компании и, разумеется, реализацию финансовой части бизнес-плана. Энди Макрей из компании *HAR* продемонстрирует нам это. Руководители среднего звена должны понимать суть этих коэффициентов, во многом определяющих требования к их работе. Если начальник ставит перед вами задачу, которая так или иначе связана с маржинальной прибылью, не лишним будет знать, что это такое.

Вопрос на засыпку

Тест I2: повторение

Какие два ключевых коэффициента могут найти акционеры на страницах деловых изданий?

Отчеты, которые представляют компании, интересны не столько тем, о чем они сообщают, сколько тем, что они скрывают. Если бухгалтеры творчески подходят к своему делу, они могут представить в отчете показатели, которые отражают не действительность, а скорее ожидания компании, особенно в краткосрочном периоде. Справедливости ради нужно отметить, что с течением времени эта тенденция идет на убыль. Компания продолжает получать определенные результаты — и бухгалтерия вынуждает совет директоров сообщить акционерам горькую правду.

Практический совет

Если компания вынуждена закупить основные средства еще до того, как она сможет начать деловую активность, как в случае с *Eurotunnel*, важным показателем для нее будет рентабельность активов.

Несмотря на все неточности, годовой отчет содержит ценную информацию. По крайней мере, на его основе можно рассчитать четыре ключевых коэффициента:

- коэффициент соотношения долгосрочной задолженности и общей капитализации;
- долю прибыли, идущую на погашение процентов;
- рентабельность вложенного капитала;
- рентабельность продаж до уплаты налогов.

Эти коэффициенты позволят вам понять то давление, которое испытывают совет директоров и менеджеры компании. Это особенно справедливо, если вы к тому же тщательно изучите отчет председателя правления.

?–! Достойный ответ

Рыночная нервозность

Помните, что стоимость акций зависит не только от финансовых результатов компании; рынок подвержен колебаниям, в результате которых все акции дорожают или дешевеют одновременно. Любая неуверенность – то ли в способности руководства реализовать свой план, то ли в стабильности доллара по отношению к иене, то ли в политической ситуации в России – непременно влечет за собой негативные последствия для курса акций.

Мы приведем соответствующие коэффициенты для компаний *Compusell* и *HAR*, однако вам имеет смысл самим рассчитать их на интересующем вас примере.

Порядок расчета четырех коэффициентов, о которых мы говорим, относительно простой, и после некоторой практики вы научитесь составлять представление о финансовых результатах компании всего за несколько минут. Всегда сравнивайте значения за два года, чтобы видеть динамику. Затем вы можете сравнить их с отчетом председателя правления и проверить, произошли ли обещанные изменения.

?–! Достойный ответ

Внимание к деталям или нечто другое?

Ни один документ, представленный компанией, не привлекает к себе большего внимания со стороны совета директоров, инвесторов и аналитиков, чем отчет председателя правления. Он тщательно продумывается и составляется так, чтобы, оставаясь полностью достоверным, в наилучшем свете представить деятельность председателя правления и совета директоров.

Часто к отчету прилагаются «Факты для акционеров» или «Отчет за пять лет», в которые включаются некоторые рассчитанные коэффициенты. Преимущество здесь заключается в том, что вам не нужно ничего считать самим. К сожалению, есть и два недостатка, причем довольно серьезных.

?–! Достойный ответ

Сделайте это сами

Мы советуем вам во время дальнейшего чтения этой главы иметь под рукой копию годового отчета какой-нибудь компании. Таким образом вы будете уверены в том, что в состоянии самостоятельно рассчитать все коэффициенты и сравнить финансовые результаты за два года.

Во-первых, коэффициенты, публикуемые в периодических изданиях, рассчитываются так, как выгодно той или иной компании. Это не обязательно означает, что менеджеры используют неверные или неточные данные; просто их порядок расчета наводит лоск на результаты, которого объективный аналитик стремится избежать.

Вторая проблема связана с первой. Компании используют выгодные для себя коэффициенты, а значит, в разных случаях они не совпадают. В целях последовательного анализа мы рекомендуем вам хорошо изучить четыре коэффициента, которые вы сможете рассчитать самостоятельно.

Вы можете также создать собственную базу примеров, чтобы использовать их как критерий при сравнении с другими компаниями.

Достойный ответ

Оптимизм

Изучив, насколько успешно справляется со своей задачей руководство компании, председатель правления всегда скажет, что стакан наполовину полон, а не наполовину пуст.

И последнее, о чем нужно сказать во введении. Практические советы, которые приведены ниже, полезны, когда вы учитесь работать с этими коэффициентами. Однако они всего лишь подсказывают вам направление (и не более), в котором нужно двигаться, и, как мы убедимся чуть позже, во многом зависят от рода деятельности компании и этапа ее жизненного цикла.

Коэффициент соотношения долгосрочной задолженности и общей капитализации

Коэффициент соотношения долгосрочной задолженности и общей капитализации характеризует положение дел в компании с долгосрочным заемным капиталом. Под общей капитализацией мы пониманием здесь сумму средств акционеров и долгосрочной задолженности.

Средства акционеров включают первоначальные инвестиции, а также нераспределенную прибыль, которая скопилась за годы деятельности компании. Под задолженностью мы понимаем здесь средства, которые компания должна выплатить банкам и финансовым институтам в долгосрочном периоде.

Достойный ответ

Покупка дома

Представьте себе, что вы покупаете дом за 130 тыс. ф. ст. У вас есть 26 тыс. ф. ст., и вы берете ипотечный кредит на сумму 104 тыс. ф. ст. В данном случае вы имеете 80% задолженности и 20% собственного капитала. Если дела на рынке недвижимости будут идти хорошо, через десять лет вы будете жить в доме, стоимость которого составляет уже 260 тыс. ф. ст., а это вдвое больше, чем вы за него заплатили. Если не принимать во внимание выплату процентов, ваш капитал увеличился в шесть раз — с 26 тыс. ф. ст. до 156 тыс. ф. ст. Это положительная сторона так называемого эффекта финансового «рычага».

Отрицательная сторона заключается в том, что вы должны регулярно выплачивать проценты и, возможно, откладывать деньги каждый месяц, чтобы в будущем иметь возможность полностью выплатить ипотечный кредит.

Помните также, что финансовый «рычаг» может привести как к большему выигрышу, так и к большим убыткам. Если, как это произошло на рынке недвижимости в Соединенном Королевстве, цены снизятся, вы потеряете свои средства. В нашем случае достаточно, чтобы цены снизились только на 20% — 26 тыс. ф. ст. — и вы теряете весь свой капитал. Еще хуже, когда средства акционеров становятся отрицательными, т. е. когда суммарная задолженность превышает стоимость актива.

Высокое значение данного коэффициента, т. е. большая задолженность по сравнению с общей капитализацией, влечет за собой использование денег других людей, чтобы заработать свои. В жизни мы часто сталкиваемся с подобным несоответствием, когда покупаем жилье в кредит.

Здесь все похоже на бизнес. При низком уровне долгосрочной задолженности вы можете упустить возможность заработать, используя деньги других людей; при высоком уровне вы рискуете получить меньшую прибыль, поскольку вам нужно выплачивать проценты и возвращать кредит.

Когда Энди смотрит на этот показатель для *HAR*, он сравнивает его значение с тем, которое было в прошлом году. Кроме того, он располагает информацией о том, как обстоят дела на данный момент текущего года. Это позволяет ему трезво оценить ситуацию с долгосрочной задолженностью в его компании.

Достойный ответ

Коэффициент соотношения долгосрочной задолженности и общей капитализации

Коэффициент соотношения долгосрочной задолженности и общей капитализации рассчитывается как отношение долгосрочной задолженности к общей капитализации, т. е. к сумме средств акционеров и долгосрочной задолженности. В результате мы можем получить:

- низкое значение — менее 10%;
- среднее значение — около 33%;
- высокое значение — около 66%.

HAR Plc

В компании *HAR* уровень долгосрочной задолженности всегда был высоким. Ее основатели изначально работали в другой, более крупной организации. Затем они увидели огромные возможности для кадрового агентства, ориентированного на сферу высоких технологий, и решили обсудить с материнской компанией возможность отделения. Идея была встречена с пониманием, и вскоре был организован выкуп подразделения.

Основатели *HAR* вложили свои деньги, часть акций купила материнская компания, однако основные средства поступили от венчурной компании, которая специализировалась на подобных случаях.

В 2003 году долгосрочная задолженность составила 2 040 000 ф. ст., а средства акционеров — 1 393 тыс. ф. ст. Таким образом, коэффициент соотношения долгосрочной задолженности и общей капитализации был равен 59%.

Положение было даже хуже, чем в 2002 году, когда долгосрочная задолженность была равна 1 153 000 ф. ст., а средства акционеров — 1 485 000 ф. ст. Коэффициент соотношения долгосрочной задолженности и общей капитализации равнялся в то время 44%.

Энди также понимает, что, если подвести баланс сейчас, за первый квартал 2004 года, станет ясно, что положение еще больше ухудшилось, поскольку долгосрочная задолженность уже составляет 1 393 тыс. ф. ст. Если объем средств акционеров останется прежним — 1 393 тыс. ф. ст. (а это маловероятно, если компания покажет в конце года убытки), коэффициент соотношения долгосрочной задолженности и общей капитализации превысит 68%.

Compusell Inc.

В *Compusell* совершенно иная ситуация. Крупная корпорация, все время стремившаяся избегать заемного капитала, *Compusell* многие годы создавала и наращивала собственные средства акционеров из нераспределенной прибыли.

Сейчас общие средства акционеров *Compusell* составляют 14 544 долл., а долгосрочная задолженность — 1 551 долл. Значение коэффициента соотношения долгосрочной задолженности и общей капитализации — 10%.

Доля прибыли, идущая на погашение процентов

Доля прибыли, идущая на погашение процентов, характеризует способность компании выплачивать проценты по кредитам из своей прибыли. Здесь опять прослеживается эффект финансового «рычага». Возьмем в качестве примера компанию, в которой доля прибыли, идущая на погашение кредита, составляет 60%.

EBIT	100
Проценты к уплате	60
Прибыль для акционеров	40

Рассмотрим, как финансовый «рычаг» усиливает эффект даже малейшего повышения или понижения прибыли — в нашем случае на 10% в ту или другую сторону.

	Повышение на 10%	Понижение на 10%
EBIT	110	90
Проценты к уплате	60	60
Прибыль для акционеров	50	30

В обоих случаях 10-процентное изменение *EBIT* ведет к 25-процентному изменению прибыли, которая может быть выплачена акционерам. Это явление получило название финансового «рычага».

Достойный ответ

Доля прибыли, идущая на погашение процентов

Доля прибыли, идущая на погашение процентов, рассчитывается как процентное соотношение средств, подлежащих уплате за кредит, к прибыли до выплаты налогов и процентов (*EBIT*). При этом вы можете получить следующие результаты:

- малая доля — менее 25%;
- средняя доля — между 26% и 75%;
- большая доля — более 75%.

На основании расчета этого коэффициента можно предположить, что *HAR* выплатит 77% своей прибыли за проценты по кредитам, а *Compusell* — около 5%.

Рентабельность вложенного капитала

Следующие два показателя относятся к группе коэффициентов рентабельности. Первый из них использует данные как из отчета о прибылях и убытках (чистая прибыль до уплаты налогов), так и из бухгалтерского баланса (долгосрочный капитал). Долгосрочный капитал состоит из долгосрочных обязательств и собственного капитала.

Вопрос на засыпку

Тест 13

Если компания выкупает свои акции у некоторых акционеров, что произойдет с коэффициентом соотношения долгосрочной задолженности и общей капитализации?

Показатель рентабельности вложенного капитала характеризует финансовое состояние компании в том, что касается прибыли. В конечном счете, люди вкладывают свои деньги в предприятие, чтобы его руководство воспользовалось ими и получило доход. Если оно не способно сделать это, всегда есть альтернативы — банки и государственные облигации.

Практический совет: рентабельность вложенного капитала

Данный показатель рассчитывается как отношение чистой прибыли до уплаты налогов к долгосрочному капиталу. Результатом может быть:

- низкая рентабельность — до 10%;
- средняя рентабельность — от 10% до 20%;
- высокая рентабельность — более 20% .

Compusell Inc.

В 2003 году рентабельность вложенного капитала в *Compusell* составила 18,1%. Она была немного ниже, чем в 2002 году (21,7%), несмотря на то что товарооборот увеличился приблизительно на 10%. Председатель правления объяснил это давлением со стороны высококонкурентного рынка, которое не позволило компании повысить цены и привело к снижению валовой маржи.

Рентабельность продаж до уплаты налогов

Этот показатель рассчитывается на основе данных из отчета о прибылях и убытках. В нем мы сравниваем нижнюю строчку с верхней — прибыль с продажами. Рентабельность продаж, которую еще называют маржинальной прибылью, показывает, какую прибыль принесла компании выручка от реализации продукции. Как мы убедимся чуть позже, этот показатель широко используется не только на корпоративном уровне, но и на уровне руководителей филиалов и отделов.

Практический совет: рентабельность продаж до уплаты налогов

Данный показатель рассчитывается как отношение чистой прибыли до уплаты налогов к выручке от реализации. Результатом может быть:

- низкая рентабельность продаж — до 2%;
- средняя рентабельность продаж — от 2% до 8%;
- высокая рентабельность продаж — более 8%.

Помните, что все коэффициенты, а этот в особенности, меняются в зависимости от того, какую область предпринимательства вы рассматриваете. Низкий показатель рентабельности для компании, работающей в сфере технологий, может оказаться вполне удовлетворительным для книжного магазина.

HAR Plc

В прошлом году рентабельность продаж до уплаты налогов в компании *HAR* составила 1,5%. Если руководство не предпримет решительных мер, в этом году значение этого показателя будет отрицательным. Энди пока еще не знает, где эта проблема стоит наиболее остро — на уровне валовой прибыли или расходов на реализацию.

Бенчмаркетинг

Такого понятия, как типичная компания, не существует. Различная продукция, рынки и стили управления делают каждое предприятие неповторимым. Тем не менее мы можем взять историю существования *Compusell* в качестве некоего эталона (benchmark) для интерпретации коэффициентов других компаний.

30-летняя история *Compusell*

Этап № 1: от момента основания и до 7 лет

Вернемся мысленно в то время, когда крупногабаритные вычислительные машины медленно, но верно сдавали свои позиции на рынке под натиском мини-компьютеров. Именно тогда один инженер-электронщик создал компанию *Compusell*. В самом начале новообразованная компания обладала способностью генерировать стремительный рост объемов продаж. Рынок с восторгом воспринимал новую концепцию компьютеров, и совладельцы в лице венчурной компании охотно вкладывали средства в новое предприятие.

На этом этапе *Compusell* ведет себя достаточно агрессивно. Компании нужны большие объемы продаж, чтобы удовлетворить свою неуемную жажду к денежным средствам, и она вкладывает миллионы долларов в развитие производственной инфраструктуры. Ее конкурентоспособность достигает невиданных высот. Руководство компании жертвует частью прибыли ради укрепления своего присутствия на рынке. На работу в качестве торгового персонала нанимаются так называемые «охотники» — люди, которым нравится принимать деятельное участие в развитии нового бизнеса. Такие сотрудники должны обладать нужными способностями для заключения сделок, разрешения недора-зумений и споров. В противном случае они не задерживаются на своей должности.

Управление ростом

Многие полагают, что компанией, в которой объемы продаж стремительно растут, управлять легче. Главное, чтобы успех не вскружил руководителю голову.

В любом случае нужно помнить о плане на случай непредвиденных обстоятельств, который компания должна быть готова реализовать, как только темпы продаж снизятся, хотя бы ненамного.

Ситуация на рынке складывается для *Compusell* благоприятно — и в компании царит бодрое настроение.

Этап № 1: годовой отчет

Отчет председателя правления. В нем отражен рост объемов продаж, как мы видим из следующих отрывков:

«В июне мы преодолели еще один рубеж, продав 100-тысячный мини-компьютер».

«В прошлом году рост объемов продаж превысил 50%, и хотя подобные темпы будут, скорее всего, исключением, компания *Compusell* уверена, что она сможет воспользоваться возможностями, которые открывает перед ней растущий рынок, и в последующие годы».

Тон годового отчета в целом отражает энтузиазм молодой компании, которая впервые ощутила вкус успеха.

Этап № 1: коэффициенты

Совет директоров управляет *Compusell* на основе скорее отчета о движении денежных средств, а не отчета о прибылях и убытках. Капитальные инвестиции требуют больших средств, и у компании наблюдается высокий уровень заемного капитала. Это проявляется в обоих коэффициентах финансового «рычага» в виде большой задолженности и маленькой доли прибыли, которая остается после выплаты процентов.

Рентабельность еще достаточно низкая, что подтверждают показатели и рентабельности вложенного капитала, и рентабельности продаж.

Коэффициенты *Compusell* на этапе №1

Соотношение долгосрочной задолженности и общей капитализации	75%
Доля прибыли, идущая на погашение процентов	95%
Рентабельность вложенного капитала	1%
Рентабельность продаж до уплаты налогов	1%

Этап № 1: инвестиционные коэффициенты

Инвесторы полагают, что *Compusell* обладает долгосрочным потенциалом, а ее акции относятся к самой рисковой части их инвестиционных портфелей. Для компании нежелательно выплачивать на данном этапе большие дивиденды, поскольку ей нужны денежные средства для роста и расширения. Доходность акций, таким образом, достаточно низкая.

Значение коэффициента P/E будет высоким, поскольку рынок высоко оценивает шансы на будущую прибыль компании. Здесь следует упомянуть еще один показатель. Дивиденды, как мы уже говорили, выплачиваются из прибыли. Полезно знать, какой процент прибыли необходим для выплаты дивидендов. Для этого мы рассчитаем коэффициент покрытия дивидендов, который показывает, во сколько раз прибыль превышает дивиденды. Если после выплаты дивидендов у компании практически не остается прибыли, ей будет не хватать средств для роста, а в будущем ей будет сложно поддерживать выплаты по дивидендам на прежнем уровне. В нашем случае значение коэффициента покрытия дивидендов в *Compusell* можно назвать высоким не потому, что у компании большая прибыль, а потому, что у нее небольшие дивиденды.

Инвестиционные коэффициенты *Compusell* на этапе №1

Доходность	0,3%
Коэффициент P/E	35
Покрытие дивидендов	13

Этап № 2: 7–15 лет

Копания *Compusell* достигла совершеннолетия. Она пережила период, когда годовой рост составлял 30%, и доказала свою конкурентоспособность. Она обладает жизнеспособной долей на рынке в тех секторах, где она уже ведет активную деятельность, и кроме того ищет дополнительные возможности для инвестирования в новые рынки (например, зарубежные) или же в производство новых видов продукции (например, персональных компьютеров).

Рост все еще дорого обходится компании, однако сейчас *Compusell* генерирует здоровые денежные потоки, которые делают ее прибыльной. Уровень риска по-прежнему остается достаточно высоким. Компания не застрахована от ошибок, ведь она осваивает новую продукцию. Какими бы радужными ни были перспективы, торговля новой продукцией на старых рынках или старой продукцией на новых рынках всегда сопряжена с определенным риском.

Венчурные предприниматели
Эти предприниматели, которые часто объединяются во взаимные или паевые инвестиционные фонды, делают ставки на новые компании. Риск велик, однако они могут позволить себе проиграть, потому что, если хотя бы одна компания, такая как *Compusell*, добивается успеха, они получают большую прибыль.

Этап № 2: годовой отчет

Отчет председателя правления. Логично предположить, что председатель правления будет говорить о некоторой консолидации деятельности компании, хотя основной акцент по-прежнему будет делаться на росте. Это подтверждают приводимые нами отрывки:

«Прибыль на акцию до покрытия непредвиденных расходов выросла на 22%».
«Наше финансовое положение укрепляется, и это позволяет нам исследовать потенциальные рынки сбыта нашей продукции, в то же самое время консолидируя нашу стратегию и сосредоточивая усилия на самых перспективных рынках, где ожидается наибольший доход».

Этап № 2: коэффиценты

Значение коэффициентов финансового «рычага» по-прежнему высокое. Вероятно, к этому времени компания снова обратилась за денежными средствами к инвесторам, произведя дополнительную эмиссию акций. Многие венчурные инвесторы уже получили свою прибыль и продали некоторые акции. Разумеется, это существенно снизило уровень долгосрочной задолженности, но он неизбежно возрастет снова, поскольку компания будет брать взаймы средства для дальнейших капиталовложений.

Рентабельность повысилась до уровня, который можно назвать безопасным. Это означает, что компания получает стабильную прибыль, а большому риску она подвергается только в новых сферах деятельности.

Коэффициенты *Compusell* на этапе №2

Соотношение долгосрочной задолженности и общей капитализации	60%
Доля прибыли, идущая на погашение процентов	75%
Рентабельность вложенного капитала	10%
Рентабельность продаж до уплаты налогов	4%

Этап № 2: инвестиционные коэффициенты

Compusell намерена выплатить своим акционерам настоящие дивиденды. Возможно, ей пришлось пообещать это во время последнего выпуска акций, чтобы собрать больше денежных средств, и сейчас руководство компании рассматривает дивиденды как признак приближающейся «респектабельности». Тем не менее доходность акций *Compusell* все еще ниже, чем в среднем по сектору, а стоимость акций поддерживается ожиданиями рынка, связанными с будущим ростом.

Значение коэффициента P/E все еще очень высокое. Возможно, у *Compusell* оно ниже, чем у новых компаний, которые на этот момент находятся в самом начале своего жизненного цикла, однако оно во много раз превышает средний показатель по данной отрасли.

Практический совет — предупреждение

Пример *Compusell* справедлив, когда вы сравниваете относительные показатели, например коэффициент P/E. Однако рынок в целом также подвержен колебаниям. Таким образом, практические советы нужно адаптировать к текущему финансовому состоянию акционерного капитала на рынке.

Коэффициент покрытия дивидендов значительно уменьшается. Инвесторы интересуются, когда же вложенные ими средства начнут приносить доход, и компания вынуждена принимать это во внимание.

Инвестиционные коэффициенты *Compusell* на этапе №2

Доходность	1,6%
Коэффициент P/E	25
Покрытие дивидендов	3,5

Этап № 3: от 15 до 23 лет

Компания уже получила признание на рынке. В рейтинге *Standards & Poor 500* она занимает довольно высокое положение, а также входит в число 500 промышленных компаний, удерживающих наибольшую долю рынка. Структура *Compusell* стала намного сложнее, и аналитики ждут провозглашения добротной стратегической программы, которая бы подтвердила, что теперешнее руководство может управлять и линейным кораблем, успешно выдержав испытание на патрульном катере и эсминце.

?–! Достойный ответ

Управленческие кадры

На этом этапе требуется иной руководитель, нежели тот, который привел компанию к сегодняшнему успеху. Сотрудники, которые прекрасно проявляли себя на первом и втором этапах, могут не справиться с управлением крупным предприятием. Если им сложно приспособиться к новым условиям работы, им лучше заняться чем-то другим, а не оставаться в некомфортной для себя обстановке.

Стоимость акций отражает те изменения, которые происходят в отрасли. Невыгодные для компании законодательные меры, например по защите программного обеспечения, могут существенно замедлить рост прибыли. Долгосрочное планирование перестало быть экзотикой; теперь это жизненно важная обязанность для совета директоров и их помощников. Совет директоров *Compusell* включает несколько «громких имен», среди которых есть даже бывший сенатор.

Изменилась природа риска. Теперь компания может позволить себе совершать некоторые ошибки, не ставя под угрозу свое существование. Рынок считает, что риск акций *Compusell* приближается к среднему уровню по отрасли.

Этап № 3: годовой отчет

Вряд ли годовой отчет будет составлен исключительно в розовых тонах. Акционеры ждут продуманно составленный документ, в котором есть и признание ошибок, и обещания исправить их. Многое может сказать то, какие именно коэффициенты председатель правления выбрал для отчета. Предположим, он предлагает вниманию публики диаграмму, которая показывает, что за последние 20 лет стоимость акций всегда была выше, чем в среднем по рынку. Возможно, председатель правления пытается заверить рынок, что у компании есть еще огромный потенциал для роста. Он не хочет, чтобы рост цен на акции прекратился, хотя замедление его неизбежно.

Отчет председателя правления. Вот отрывки из выступления председателя правления на этапе №3:

«Мы считаем, что сотрудничество и союз с другими компаниями вносят значимый вклад в нашу деятельность по удовлетворению запросов тех людей, которые хотят получить высокий уровень обслуживания и техническую поддержку, находясь в любом уголке мира».

«Новые технологии открывают огромные возможности для расширения ассортимента наших товаров и услуг. Интернет радикально изменит всю нашу жизнь».

«В этом году мы завершили реорганизацию и теперь можем смело утверждать, что мы в состоянии выполнить наше обещание — представить нашу компанию во всех странах мира».

Этап № 3: коэффициенты

Коэффициенты на этом этапе вплотную приблизились к средним рыночным показателям. Уровень долгосрочной задолженности низкий, а на выплату процентов компании требуется меньше трети ее прибыли.

Рентабельность вложенного капитала достаточно высокая и стабильная, как этого и следовало ожидать в крупной компании. Этот показатель сравнивается скорее с ожидаемым доходом всего сектора в целом, нежели с показателями отдельных стремительно растущих компаний. Относительно высокая рентабельность продаж свидетельствует о хорошей прибыльности сектора информационных технологий.

Коэффициенты *Compusell* на этапе № 3

Соотношение долгосрочной задолженности и общей капитализации	35%
Доля прибыли, идущая на погашение процентов	30%
Рентабельность вложенного капитала	20%
Рентабельность продаж до уплаты налогов	8%

Этап № 3: инвестиционные коэффициенты

Дивиденды — важная часть планов крупных инвесторов. Доходность акций *Compusell* соответствует средней доходности в данном секторе и даже в целом по рынку. Коэффициент P/E также приближается к среднему для сектора значению.

Коэффициент покрытия дивидендов резко упал, поскольку инвесторы начинают получать прибыль, которую они и рассчитывали получить на этом этапе жизненного цикла компании.

Инвестиционные коэффициенты *Compusell* на этапе №3

Доходность	4%
Коэффициент P/E	18
Покрытие дивидендов	1,9

Этап № 4: более 25 лет

Теперь совет директоров управляет линкором или величественным галеоном. Акционеры заинтересованы уже не в острых ощущениях, связанных с владением акциями, а в долгосрочных перспективах выплаты дивидендов, а также в реализации этих перспектив.

Compusell входит в рейтинг *Dow Jones 30*, у нее авторитетный председатель правления, а члены совета директоров не являются исполнительными лицами компании. Председатель правления часто выступает по радио и на телевидении, где он сообщает о деятельности и успехах компании, об экономической ситуации и текущих проблемах. Если продолжить аналогию с военно-морским флотом, *Compusell* можно приравнять к линкору.

?–! Достойный ответ

Управление размерами

Аналогия с линкором хорошо отражает и то, сколько времени требуется крупной компании, чтобы отреагировать на возникающие проблемы. Предположим, что на рынке обостряется конкуренция и для того, чтобы сохранить объемы продаж на прежнем уровне, нужно снизить цены. Чтобы обеспечить прежнюю итоговую прибыль, вы должны сократить расходы: прямые (на производство продукции) или непрямые (административные и накладные).

Маленькая компания может сделать это мгновенно, а *Compusell* на данном этапе потребуется не меньше года, чтобы внести нужные изменения, — и все это время рентабельность продаж будет снижаться.

Представители *Compusell* пользуются большим уважением и влиянием в деловом мире. Они постоянные участники любых дискуссий на компьютерные темы, начиная с виртуальных покупок и заканчивая работой за компьютером в домашних условиях.

Торговые менеджеры теперь уже больше напоминают «фермеров», а не «охотников». Компания освоила основные методики управленческого учета, позволяющие не только сохранить, но и увеличить свою долю на рынке. Посредством рекламных акций и предложений она способствует развитию каналов сбыта, принадлежащих третьим лицам, — именно через них проходит б*о*льшая часть продаж.

На этом этапе председатель правления порой сетует на то, как фондовый рынок воспринимает акции *Compusell*. Он предпочитает думать, что это инновационное предприятие с большими перспективами роста, а рынок рассматривает компанию прежде всего как продавца товаров, дальнейший рост которого не может существенно повлиять на прибыль.

Способность сбивать с толку

Как мы убедимся в следующей главе, между крупными компаниями и экспертами, которые устанавливают стандарты бухгалтерской и финансовой отчетности, идет непрекращающаяся борьба. Задача последних — заставить предприятие предоставлять «полную и достоверную» картину того, как у него обстоят дела.

Этап № 4: годовой отчет

Отчет председателя правления. На этом этапе председатель правления делает упор на выгоды для клиентов. Компания серьезно относится к своему лидирующему положению на ряде рынков и стремится продемонстрировать, что она не злоупотребляет этим. *Compusell* с гордостью объявляет о предложениях новых товаров и услуг, о более низких ценах и, в целом, о лучшем качестве обслуживания, как это видно из следующих отрывков.

«Стабильный рост продаж (4%) и прибыли (5,5%) показывает, что мы на пути к нашей цели — удовлетворению ожиданий как акционеров, так и клиентов».

«На фоне экономической и конкурентной ситуации стратегия *Compusell* остается ясной. Мы будем усердно осваивать наши традиционные рынки и в то же самое время заявлять о себе на новых рынках в разных частях света».

Этап № 4: коэффиценты

Все показатели говорят о низком уровне риска. Их значения — одни из лучших в отрасли. В краткосрочном периоде никто не ставит под сомнение способность компании сохранить свой рыночный и прибыльный рост, каким бы ограниченным он ни был. Однако инвесторы не теряют бдительности — они хотят сразу же заметить первые признаки спада, едва они только проявятся. Самый большой риск представляют для компании законодательные нормы и новые конкуренты.

Руководство *Compusell* уже продемонстрировало способность надежно управлять своими расходами, однако эта тенденция должна стать постоянной, чтобы отразиться на рентабельности продаж.

Коэффициенты *Compusell* на этапе №4

Соотношение долгосрочной задолженности и общей капитализации	15%
Доля прибыли, идущая на погашение процентов	20%
Рентабельность вложенного капитала	25%
Рентабельность продаж до уплаты налогов	10%

Этап № 4: инвестиционные коэффициенты

Теперь акции *Compusell* есть практически в каждом пенсионном и частном инвестиционном портфеле. Основные надежды возлагаются на увеличение дивидендов, а не на прирост капитала; доходность акций и коэффициент покрытия дивидендов подтверждают это. Доходность значительно выше, чем средняя по рынку, а коэффициент покрытия дивидендов имеет низкое значение. Возможно, он останется приблизительно на этом же уровне, если не возникнет никаких непредвиденных расходов, которые повлияют на прибыль. Коэффициент P/E указывает, что мы действительно имеем дело с величественным галеоном.

Инвестиционные коэффициенты *Compusell* на этапе № 4

Доходность	5,9%
Коэффициент P/E	13,8
Покрытие дивидендов	1,5

Ниже мы приводим суммарные данные по коэффициентам *Compusell* на всех четырех этапах ее развития. Нельзя утверждать, что это научный эталон, но вы можете использовать его в практике, чтобы сделать предварительные выводы о любой компании. Для этого определите, на какой стадии развития она находится, а потом сравните ее показатели с соответствующими показателями *Compusell*. Постарайтесь объяснить любые расхождения, которые вам встретятся.

Коэффициенты *Compusell* на четырех этапах:

	I	II	III	IV
Соотношение долгосрочной задолженности и общей капитализации	75%	60%	35%	15%
Доля прибыли, идущая на погашение процентов	95%	75%	30%	20%
Рентабельность вложенного капитала	1%	10%	20%	25%
Рентабельность продаж до уплаты налогов	1%	4%	8%	10%

Инвестиционные коэффициенты *Compusell* на четырех этапах

	I	II	III	IV
Доходность	0,3%	1,6%	4%	5,9%
Коэффициент P/E	35	25	18	13,8
Покрытие дивидендов	13	3,5	1,9	1,5

NB: Данный эталон правомерен только тогда, когда вы отслеживаете деятельность компаний и положение на фондовом рынке в течение многих лет. Когда писалась эта книга, значения коэффициентов P/E в целом были выше обычного, а доходность, соответственно, — на более низком уровне. Время покажет, сколько продержатся низкие темпы инфляции и связанное с ней высокое значение коэффициента P/E.

Выводы

Мы признаем, что все компании, все секторы имеют разные характеристики. Тем не менее существуют определенные критерии для классификации компаний. Предложенные нами эталоны, несомненно, помогут вам оценить состояние финансового здоровья компании, даже если вам придется немного доработать их.

Инвесторы выдвигают неодинаковые требования к акциям, которые включены в их инвестиционный портфель. Предположим, вы планируете в скором времени выйти на пенсию. Вы хотите иметь такой инвестиционный портфель, который бы защищал ваш капитал, — вы стремитесь избежать риска и жить на дивиденды с акций, которыми вы владеете. В этом случае в вашем инвестиционном портфеле будут преобладать акции компаний, которые находятся на 4-м этапе жизненного цикла.

Совсем иначе мыслят высокооплачиваемые служащие. Они платят самый большой подоходный налог — и поэтому дивидендный доход их не интересует. Они не торопятся обратить акции в денежные средства и склонны включать в свой инвестиционный портфель акции компаний, которые находятся на первом этапе своего жизненного цикла, с сопутствующим им большим риском и перспективой больших доходов.

Обратите внимание, как просто определить нужный вам тип компании, если вы знаете три инвестиционных показателя и четыре главных коэффициента. Посмотрим на примере Энди Макрея из *HAR*, как используются эти данные высшим руководством компании.

HAR Plc

Мы уже говорили о проблеме соотношения собственного и заемного капитала в *HAR.* Ей потребовались дополнительные заемные средства, потому что объемы и рентабельность продаж снизились. В текущем году положение ухудшилось еще больше. Ниже приведены данные за 2003 год в сравнении с первой половиной текущего финансового года.

	2003	Первая половина 2004
Продажи	10 284	4 628
Себестоимость	7 676	3 692
Валовая прибыль	2 608	936
Валовая маржа	25%	20%
Расходы	1 925	885
EBIT	683	51
Проценты	526	352
Прибыль до уплаты налогов	157	–301
Рентабельность продаж, %	1,5	–6,5

Энди видит, что компания терпит убытки, а валовая маржа снижается. Еще один показатель, на который он обращает особое внимание, — это соотношение расходов и валовой прибыли. В 2003 году он был равен 74%, а в этом году он уже стал 95%.

Другими словами, у компании увеличились расходы по сравнению с продажами и прибылью, которые она получает.

Знакомство с финансовой информацией

Для лучшего понимания различных финансовых отчетов нужно изучить коэффициенты по нескольким компаниям, а для этого вам понадобятся различные годовые отчеты. Раздобыть их можно двумя способами. Во-первых, позвонить в саму компанию. В большинстве случаев телефонный оператор поймет вашу просьбу и соединит вас с кем-то из фондового отдела, где запишут ваше имя и адрес, чтобы выслать вам копию годового отчета. Не забывайте, что годовой отчет входит в пакет рекламных материалов компании и она охотно предоставит его вам. Чтобы узнать адрес и телефон той или иной компании, воспользуйтесь справочником, в котором перечислены названия, адреса главных офисов и телефоны компаний. Хотя бы один такой справочник есть практически в любой библиотеке.

Второй вариант — воспользоваться услугой *FT Annual Reports*. Найдите в рубрике «Фондовый рынок» раздел «Компании и рынки». Если напротив названия компании в колонке «Примечания» вы видите знак трефовой масти, это означает, что компания включена в эту услугу. В правом нижнем углу на правой странице вы прочтете пояснения, как пользоваться этой услугой. Вам нужно позвонить по указанному телефону и сделать заказ. В ответ вам будет выслана копия годового отчета. Авторы неоднократно пользовались этой услугой — она прекрасно работает. А теперь она доступна также в режиме реального времени на сайте **www.icbinc.com**.

Испытайте свои силы

Выберите рыночный сектор, который вы хотите изучить. Прочтите в деловом разделе материалы о нем и попытайтесь с помощью коэффициентов P/E и доходности выбрать четыре компании, которые находятся на четырех разных этапах жизненного цикла, описаных выше. Найдите годовые отчеты этих компаний и рассчитайте четыре главных коэффициента. Вы должны проследить взаимосвязь этих показателей с этапом развития, на котором находится компания. Если вы обнаружите несоответствия, поищите для них объяснение.

ГЛАВА 4

ФИНАНСОВЫЙ АНАЛИЗ

ВВЕДЕНИЕ

Четыре коэффициента, о которых мы говорили в предыдущей главе, помогут вам быстро и легко оценить финансовое состояние компании. Однако, разумеется, их существует намного больше. Если информации о коэффициентах на корпоративном уровне, которая содержится в главе 3, вам достаточно, вы можете перейти сразу к главе 5, где мы поговорим об управленческом учете — финансовых и других показателях, используемых руководителями. А здесь мы подробнее рассмотрим коэффициенты из главы 3 и поговорим о некоторых показателях, которые представляют интерес для акционеров и часто используются менеджерами среднего звена в качестве рабочих инструментов. Например, если вам приходится иметь дело с такими понятиями, как рентабельность активов, период погашения покупательской задолженности или оборачиваемость товарных запасов, в этой главе вы найдете много полезной информации. Если вы работаете в условиях сдельной системы оплаты труда, не будет лишним узнать, как именно работодатель начисляет вам заработную плату.

Модель коэффициентов, построенная на базе годового отчета

Для расчета всех интересующих нас коэффициентов мы будем пользоваться данными отчета о прибылях и убытках и бухгалтерского баланса компании *HAR*, приведенными в таблице 4.1. Нужно уметь найти эти данные в годовом отчете любой компании. Однако здесь есть одно исключение. Законы США не предписывают включать в отчет оплату труда, и многие компании пользуются этим. Если вы держите перед собой такой отчет, вы не сможете рассчитать один коэффициент рабочей силы. В таблице 4.2 приведены коэффициенты, рассчитанные для *HAR*. В таблице 4.3 содержатся необходимые данные *Compusell*, а в таблице 4.4 — коэффициенты для *Compusell*.

Мы рассмотрим коэффициенты, которые условно можно разделить на шесть групп:

- роста;
- рентабельности;
- ликвидности;
- эффективности использования активов;
- финансового «рычага»;
- рабочей силы.

Таблица 4.1

Название компании

HAR Plc

Валюта

€000's

Год	Код	1999 €000's	1998 €000's	Кредиторская задолженность		1999 €000's	1998 €000's
Общий товарооборот	A	10 248,0	13 856,0	Торговые кредиты	K	680,0	465,0
Прибыль до уплаты налогов	B	157,0	2 078,0	Краткосрочные займы	L	473,0	251,0
Проценты к уплате	C	536,0	280,0	Всего текущих обязательств	M	2 890,0	2 616,0
Амортизация	D	152,0	91,0	Долгосрочные займы	N	2 040,0	1 153,0
Материальные активы	E	983,0	780,0	Резервы	O	0,0	0,0
Нематериальные активы	F	1 096,0	240,0	Другие долгосрочные обязательства	P	0,0	0,0
Другие основные средства	G	0,0	0,0	Всего средств акционеров	Q	1 393,0	1 485,0
Акции	H	0,0	0,0	Доля участия дочерних компаний	R	0,0	0,0
Дебиторская задолженность	I	3 027,0	3 580,0				
Всего активов	J	4 244,0	4 234,0	Среднесписочная численность рабочих	S	49	52
				Общий фонд заработной платы	T	1 248,0	1 260,0
Рассчитанные показатели							
Материальные и нематериальные активы	AA	2 079,0	1 020,0	Ликвидные активы	FF	4 244,0	4 234,0
Всего активов	BB	6 323,0	5 254,0	Общая задолженность	GG	2 513,0	1 404,0
Всего обязательств	CC	4 930,0	3 769,0	Собственные материальные активы	HH	297,0	1 245,0
Чистые активы	DD	3 433,0	2 638,0	Прибыль до уплаты процентов	II	683,0	2 358,0
Вложенный капитал	EE	3 433,0	2 638,0	Чистый рабочий капитал	JJ	1 354,0	1 618,0

Таблица 4.2

Название компании:

HAR Plc

Рентабельность	1999	1998
Рентабельность вложенного капитала	4,6%	78,8%
Рентабельность продаж до уплаты налогов	1,5%	15,0%
Рентабельность активов	2,5%	39,6%
Ликвидность		
Коэффициент текущей ликвидности	1,5	1,6
Коэффициент мгновенной ликвидности («коэффициент критической оценки»)	1,5	1,6
Эффективность использования активов		
Коэффициент оборачиваемости товарных запасов		
Период погашения покупательской задолженности	107,4	94,3
Коэффициент оборачиваемости основных фондов	162,6%	263,7%

Финансовый «рычаг»	1999	1998
Соотношение долгосрочной задолженности и общей капитализации	59,4%	43,7%
Доля прибыли, идущая на погашение процентов	77,0%	11,9%
Рентабельность акционерного капитала	59,2%	166,9%
Коэффициенты эффективности работы персонала (округленные значения)		
Продажи на одного служащего	209 878	266 462
Среднедушевая прибыль	3 204	39 962
Средняя заработная плата	25 469	24 231
Коэффициенты роста		
Рост продаж	– 25,8%	
Рост прибыли	– 92,4%	

Таблица 4.3

Название компании

Compusell Inc.

Валюта

$m

Год	Код	1999 $m	1998 $m	Год		1999 $m	1998 $m
Общий товарооборот	A	35 384,2	32 251,9	Кредиторская задолженность	K	2 408,3	2 394,7
Прибыль до уплаты налогов	B	3 075,9	3 349,6	Краткосрочные займы	L	936,1	921,8
Проценты к уплате	C	176,7	161,7	Всего текущих обязательств	M	10 130,1	8 435,3
Амортизация	D	1 405,3	1 169,9	Долгосрочные займы	N	1 551,1	2 374,4
Материальные активы	E	4 780,5	4 745,9	Резервы	O	0,0	0,0
Нематериальные активы	F	0,0	0,0	Другие долгосрочные обязательства	P	915,8	915,1
Другие основные средства	G	4 309,0	3 375,9				
				Всего средств акционеров	Q	14 543,6	12 146,6
Акции	H	4 649,6	5 085,0	Доля участия дочерних компаний	R	0,0	0,0
Дебиторская задолженность	I	4 685,7	4 618,0				
Всего активов	J	18 051,1	15 749,6	Среднесписочная численность рабочих	S	93 684	91 654
				Общий фонд заработной платы	T		

Рассчитанные показатели

Материальные и нематериальные активы	AA	4 780,5	4 745,9	Ликвидные активы	FF	13 401,5	10 664,6
Всего активов	BB	27 140,6	23 871,4	Общая задолженность	GG	2 487,2	3 296,2
Всего обязательств	CC	12 597,0	11 724,8	Собственные материальные активы	HH	14 543,6	12 146,6
Чистые активы	DD	17 010,5	15 436,1	Прибыль до уплаты процентов	II	3 252,6	3 511,3
Вложенный капитал	EE	17 010,5	15 436,1	Чистый рабочий капитал	JJ	7 921,0	7 314,3

Точка зрения профессионала

«Компании должны оценивать успех исходя не только из того, что они еще существуют и получают прибыль, но и из того, сколько возможностей они упустили».

Гари Хэмел, преподаватель Лондонской школы бизнеса

Коэффициенты роста

Когда вы изучаете годовой отчет компании, то первым делом обращаете внимание на рост объемов продаж и сравниваете его с ростом прибыли до уплаты налогов. Это хороший общий показатель того, чего смогла добиться компания за последние 12 месяцев. Если роста нет, предприятие в любой отрасли практически лишено будущего.

Гари Хэмел прав, но это не значит, что вы не должны оценивать деятельность компании в общем контексте ее отрасли. У продуктового магазина маловероятен рост продаж, который покажет за этот же самый период компания, занимающаяся технологиями. Вопрос следует ставить так: «Растут ли продажи, насколько это возможно по сравнению с другими компаниями в этой же отрасли?»

При изучении годового отчета следует также обратить внимание на то, успевает рост прибыли за продажами или нет. Все, кто занимался малым бизнесом, знают, каково это — повысить объемы продаж, скажем, в два раза, решить все сопутствующие проблемы, проделать дополнительную работу и в итоге обнаружить, что прибыль осталась на прежнем уровне или даже уменьшилась. Разумеется, иногда рост прибыли может отставать от роста продаж, особенно когда компания вкладывает денежные средства и другие ресурсы в новые рынки или в новую продукцию, но в конечном итоге они должны сравняться.

HAR* и *Compusell

Судя по показателям роста, *HAR* испытывает серьезные проблемы. В прошлом году объемы продаж снизились на 26%, а прибыль — на 92%. Это еще одно подтверждение того предположения, что компания готовилась к расширению и выделяла для этого средства, но расширения не произошло.

Compusell добилась почти 10% роста продаж, однако рентабельность ее снизилась. Чтобы определить, насколько это серьезно, нужно взглянуть на коэффициенты рентабельности.

Точка зрения профессионала

«Одна из важнейших управленческих функций заключается в том, чтобы поддерживать равновесие между краткосрочным ростом прибыли и инвестициями в будущую стабильность и рост».

Дэвид Паккард, основатель копировальной компании

Коэффициенты рентабельности

В конце концов, компании существуют для того, чтобы получать прибыль. Запомните мудрые слова Дэвида Паккарда (заметка на полях).

Существует четыре главных показателя, которые говорят акционерам и служащим о рентабельности предприятия.

Рентабельность вложенного капитала

Большинство аналитиков считают рентабельность вложенного капитала главным показателем работы руководства, которому инвесторы доверили свои деньги, предпочтя покупку акций более надежным видам инвестиций (депозитным счетам или государственным облигациям). Руководство компании должно использовать этот капитал для повышения дохода и получения средств, которые можно реинвестировать и добиться еще большего роста дохода. А вот справляется оно с этим или нет, как раз и отражает данный коэффициент. Он показывает, генерирует ли компания достаточный уровень доходов, чтобы поддерживать и увеличивать дивидендные выплаты из растущей прибыли и денежных потоков.

Мы уже знаем, что рентабельность вложенного капитала считается самым важным показателем рентабельности компании. В конце концов, основы предпринимательской деятельности состоят в том, чтобы привлечь средства в виде акционерного и заемного капитала и использовать их для получения прибыли. (Вложенный капитал представляет собой сумму акционерного капитала, долгосрочных обязательств, резервов и доли участия дочерних компаний.) Данный показатель, выраженный в процентах, позволяет оценить успехи руководства на пути к получению достаточного уровня дохода. Если его значение резко изменяется в лучшую или худшую сторону, аналитики неизменно стараются выяснить причины и последствия этого явления.

Вопрос на засыпку

Тест I4

Если компания выплачивает какую-то долгосрочную задолженность, что происходит с рентабельностью вложенного капитала?

Ранее мы приводили несколько примеров в разделе «Практические советы», где говорили о том, какое значение этого показателя можно условно назвать высоким, средним и низким. Однако по-настоящему этот коэффициент важен тогда, когда вы сравниваете самые свежие данные по деятельности компании с данными за истекший год, а также данные одного периода по нескольким компаниям, принадлежащим к одному и тому же сектору.

Рентабельность вложенного капитала — это важный показатель в каждой отрасли. Именно ее многие считают главным показателем рентабельности компании. Расчетная формула, которую мы приводим здесь, принята большинством финансовых аналитиков:

Рентабельность вложенного капитала = чистая прибыль до уплаты налогов/вложенный капитал.

Рентабельность продаж

Данный коэффициент, который еще называют маржинальной прибылью, характеризует прибыль на каждый фунт стерлингов (или доллар), полученный от продаж. Это очень полезный показатель, поскольку его можно легко подогнать под наши потребности. Например, если мы хотим понять влияние, которое оказывают более высокие процентные ставки на компанию, нам нужно просто пересчитать этот коэффициент. По мере того как дело растет, руководство заинтересовано в том, чтобы сохранить хорошую «итоговую маржинальную прибыль». Периодические взлеты и падения неизбежны, но если компания развернула программу крупного расширения, скорее всего, пройдут годы, прежде чем она вернется к исходной рентабельности продаж, а затем превысит ее.

Разумеется, этот показатель тесно связан с валовой маржей, которая выражает отношение валового дохода к общему объему продаж. Когда компании необходимо сохранить итоговую маржинальную прибыль, она анализирует показатель валовой маржи, чтобы определить, в чем заключается проблема — в ней или в непрямых расходах. Аналитики также внимательно относятся к тому, как компания объясняет любое изменение рентабельности продаж.

Рентабельность продаж = чистая прибыль до уплаты налогов/ доход от продаж.

Рентабельность активов

Этот коэффициент более важен в одних отраслях и менее важен в других. Определяющим здесь будет объем инвестиций в основные средства, необходимый для создания действующего предприятия. Например, в консалтинговой фирме, где мало основных средств (экономисты и финансисты не пришли к единому мнению по поводу того, можно ли считать основными средствами в данном случае рабочую силу, т. е. консультантов), рентабельность активов не будет играть большой роли.

?–! Достойный ответ

Телефонные операторы

Телефонные операторы — хороший пример компаний, для которых показатель рентабельности активов очень важен. Прежде чем они начнут получать прибыль от предоставления услуг телефонной связи, им придется инвестировать солидные суммы денег в создание телефонной сети. В этом случае руководство компании будет заинтересовано в том, чтобы эти активы приносили прибыль. «Заставьте активы потеть», — бросает боевой клич главный менеджер, который вложил в предприятие значительный капитал.

Если взять в качестве примера компанию, у которой небольшая задолженность, рентабельность вложенного капитала будет, скорее всего, достаточно высокой и стабильной. Чтобы оценить шансы на то, что такое положение дел сохранится и в будущем, имеет смысл взглянуть на показатель рентабельности активов. Если вы скрупулезно изучите деятельность компании, в частности ее премиальную схему, то обнаружите, что премии директорам и/или персоналу выплачиваются из прибыли от активов.

Рентабельность активов = чистая прибыль до уплаты налогов/ суммарные активы.

Вопрос на засыпку

Тест I5

Если компания решает прибегнуть к аутсорсингу информационно-технологических услуг и продает компьютеры предприятию, которое предоставляет эти услуги, что происходит с рентабельностью активов?

В тех случаях, когда данный показатель играет большую роль, совет директоров часто включает его в годовой отчет. Если результат, который вы получили в итоге расчета, не соответствует тому, который указан в отчете, посмотрите, какой вид прибыли использовала компания. Мы предлагаем использовать чистую прибыль до уплаты налогов, поскольку налогообложение не зависит полностью от воли и профессионализма совета директоров, а также может изменяться из года в год в зависимости от обстоятельств. Иногда при составлении годового отчета компания использует показатель чистой прибыли после уплаты налогов для всех коэффициентов рентабельности, о которых мы здесь говорим. В некоторых расчетах используется прибыль до уплаты процентов и налогов (*EBIT*). Опять-таки, никто не обещал, что жизнь — простая штука.

Compusell Inc.

В *Compusell* стоимость основных средств составляет более 9 млрд. долл., а оборотных средств — 27 млрд. долл. Рентабельность активов равна 11,3%. Руководству компании, однако, нужно задуматься, почему за последнее время значение этого показателя снизилось больше, чем рентабельность вложенного капитала. Возможно, *Compusell* также готовилась к большему росту объемов продаж, чем тот, которого ей удалось достигнуть.

Подводя итоги, можно просто сказать: чем эффективнее компания использует свои активы, тем выше будет рентабельность активов.

Рентабельность средств акционеров

Рентабельность средств акционеров характеризует способность руководства компании эффективно использовать денежный капитал для получения прибыли. Многие аналитики склонны использовать данный показатель как конечный коэффициент рентабельности. Он кажется более логичным, чем рентабельность вложенного капитала, поскольку в последний коэффициент мы включаем заемный капитал и это несколько занижает его значение. Некоторые аналитики считают, что проценты по заемному капиталу уже были вычтены из чистой прибыли до уплаты налогов и кредиторы уже получили свою прибыль, поэтому заемный капитал нужно исключить из суммарного вложенного капитала. Мы предлагаем вам следующий порядок расчета:

Рентабельность средств акционеров = чистая прибыль до уплаты налогов/средства акционеров за вычетом стоимости нематериальных активов.

Практический совет

Чтобы компания могла выплатить налоги и дивиденды и оставить достаточно нераспределенной прибыли для своего роста, рентабельность средств акционеров должна быть не ниже 10%.

На малых предприятиях можно воспользоваться этим показателем, чтобы решить, стоит ли вообще оставаться в данном бизнесе. Если рентабельность средств акционеров ниже, чем, скажем, 5%, владельцы капитала могут вложить свои средства в жилищно-строительный кооператив, где уровень риска значительно ниже.

HAR и Compusell

Все коэффициенты рентабельности *Compusell* свидетельствуют об очень неплохих результатах, и в краткосрочном периоде у акционеров нет поводов для жалоб. Однако, памятуя о словах Дэвида Паккарда, приведенных выше, акционеры, возможно, станут искать в годовом отчете причины снижения рентабельности. Также, что более важно, акционеры хотят узнать о тех мероприятиях, которые совет директоров намерен предпринять, чтобы защитить высокую рентабельность от падения в долгосрочном периоде.

В *HAR* рентабельность средств акционеров очень высока. Однако не забывайте о нашем порядке расчета этого коэффициента. У компании очень много нематериальных активов, поэтому, если вы относитесь к ним настороженно, лучше не включать их. Если же вы исключаете их, как это делаем мы при расчете данного коэффициента, вам нужно уменьшить средства акционеров на их стоимость. В результате средства акционеров составляют всего лишь 279 тыс. долл., и рентабельность будет еще выше.

Коэффициенты ликвидности

Иногда их еще называют коэффициентами платежеспособности. Коэффициенты ликвидности характеризуют способность компании выполнять краткосрочные обязательства.

?–! Достойный ответ

Можете ли вы заплатить по счетам?

Возьмем простой пример — строителя-подрядчика. Если вы спросите у него, какие у него коэффициенты ликвидности, ответом вам будет, скорее всего, недоуменное молчание. Если же вы спросите у него, сколько его клиенты должны ему, сколько он должен поставщикам, сколько денег у него на счету в банке и когда должен быть произведен следующий платеж, он, вероятно, с ходу даст ответ, причем достаточно точный.

Вот в этом и заключается суть коэффициентов ликвидности. Строительная фирма знает, что, если она не доведет начатое дело до конца, купив материалы и выполнив 90% общего объема работ, оплату она не получит. Если заказчик будет медлить с оплатой после завершения работ, ей будет трудно рассчитаться с поставщиками. Если она не рассчитается с поставщиками, они быстро прекратят поставки. Кроме того, если поставщики не получат вовремя денежные средства, они не смогут выплатить зарплату своим рабочим, и те так же быстро уволятся. Вот почему компании уделяют коэффициентам ликвидности столь большое значение.

Коэффициент текущей ликвидности

Коэффициент текущей ликвидности показывает, насколько текущие активы, т. е. активы, которые будут обращены в денежные средства в течение ближайших 12 месяцев, покрывают текущие обязательства, — обязательства, которые компания должна выполнить в течение ближайших 12 месяцев. Например, если значение этого показателя равно 1,5, это означает, что на каждый 1 ф. ст. займа, который нужно выплатить в этом году, приходится 1,5 ф. ст. оборотных средств, которые должны быть в скором времени обращены в деньги. При расчете коэффициента текущей ликвидности вы делите текущие активы на текущие обязательства.

Помните, что одна из главных задач руководства — ускорить движение денежных средств в цикле оборотного капитала. Это означает, что менеджеры стремятся работать с минимальным рабочим капиталом при условии, что у них не возникнет неприятностей с поставщиками в краткосрочном периоде и что они не приобретут репутацию ненадежных плательщиков.

Таким образом, в крупных компаниях значение коэффициента текущей ликвидности часто бывает около или даже менее 1. Многие предприятия, такие как сети пабов и ресторанов, прекрасно работают с текущей ликвидностью меньше 1. Они могут положиться на широкие денежные потоки, которые ежедневно поступают в их бизнес, и им не грозит неспособность выполнить свои краткосрочные обязательства. Такая ситуация неизбежна, если компания работает с товарными запасами, деньги за которые она получает только после продажи.

?–! Достойный ответ

Эффект «старшего брата»[1]

Некоторые компании пользуются значительным влиянием как на клиентов, так и на поставщиков. Давайте приведем в качестве примера телефонного оператора. Если клиент просрочивает платеж, компания может быстро отключить его от пользования услугой и взять дополнительную плату за ее повторное включение, когда счет будет пополнен. И клиент с этим не может ничего поделать. Изменить поставщика услуг ему будет сложно, особенно если он уже получил репутацию неплательщика. Это означает, что период погашения покупательской задолженности у телефонных операторов достаточно короткий.

В отношениях с поставщиками у телефонного оператора также есть значительные преимущества в том, что касается ликвидности. Если оператор принимает решение задержать оплату на несколько дней, поставщику, которому нужен определенный объем деловых операций, ничего не остается, кроме как ждать. Если принять во внимание все эти обстоятельства, то станет ясно, что коэффициент текущей ликвидности у многих телефонных операторов меньше 1. Так оно и есть, срок погашения задолженности для дебиторов телефонного оператора меньше, чем срок погашения кредиторской задолженности.

Наш старый знакомый, строитель-подрядчик, в то же время может нуждаться в рабочем капитале, в том числе и в доступе к краткосрочным займам. Коэффициент текущей ликвидности в данном случае колеблется в пределах 1,5. Именно при таком значении фирма может быть уверена, что способна заплатить поставщикам и получить необходимые материалы. Проще говоря, чем выше значение коэффициента текущей ликвидности, тем больше гарантий, что компания обладает достаточными денежными средствами для погашения краткосрочных обязательств.

[1] «Старший брат» — синоним авторитарной власти (по аналогии с персонажем романа Дж.Оруэлла *«1984»*). — *Примеч.ред.*

Коэффициент мгновенной ликвидности, или «кислотный тест»

Как правило, компания показывает минимальную стоимость товарно-материальных запасов по сравнению с тем, какова их себестоимость и реальная цена продажи. Так она получает относительно разумную и обоснованную цифру. Однако, чтобы превратить товарно-материальные запасы в денежные средства, нужно завершить цикл производства и продать готовую продукцию. Поэтому аналитики используют более точный показатель, чем коэффициент текущей ликвидности, исключая из состава текущих активов товарно-материальные запасы. Это так называемый коэффициент мгновенной ликвидности, или «кислотный тест» (quick ration, acid test).

Достойный ответ

Когда актив перестает быть активом?

Помните, что разница между тем, что говорят цифры, и объективной реальностью, может быть очень большой. Проиллюстрируем эту мысль на примере строительной фирмы. Представьте, как в разговоре с банковским менеджером ее представитель утверждает, подкрепляя свои слова данными из бухгалтерского баланса, что он располагает определенным основным капиталом — бетономешалкой и запасом цемента. Банковский менеджер приходит к нему, чтобы проверить эту информацию, и видит бетономешалку, в которой находится схватившийся цементный раствор. И хотя данные, указанные в балансе точны, ни данный актив, ни запас в виде цемента не представляют никакой ценности.

Коэффициенты рабочего капитала на малых предприятиях часто имеют большое значение для банков, ведь от них зависит решение о предоставлении или непредоставлении кредита. Банк требует поддерживать определенный уровень ликвидности и вполне может ограничить услуги по овердрафту, чтобы компания могла рассчитаться, скажем, с 80% кредиторов. Или даже отказать в предоставлении овердрафта, если коэффициент текущей ликвидности меньше 1.

HAR и Compusell

Несмотря на большие размеры, *Compusell* поддерживает высокий уровень ликвидности. *HAR* также стремится к этому, однако мы знаем, что ее ликвидность будет поставлена под угрозу растущей задолженностью и процентными выплатами. Прямые и непрямые расходы компании, а также проценты к уплате достигают 10 млн. ф. ст. в год или 850 тыс. ф. ст. в месяц. Из отчета о прибылях и убытках за 2003 год мы видим, что доходы от продаж также составляли около 850 тыс. ф. ст. ежемесячно. Разница между текущими активами и текущими обязательствами составляет 1,354 млн. ф. ст. Если объем продаж снизится наполовину, уже менее чем через четыре месяца компания израсходует весь рабочий капитал, т. е. значение коэффициента текущей ликвидности станет меньше единицы и будет продолжать падать.

Коэффициенты эффективности использования активов

В разделе, посвященном коэффициентам рентабельности, мы подчеркнули важность того, чтобы руководство компании получало достаточный доход от средств, которые вложили акционеры и кредиторы. Однако не менее важно то, каким образом они «заставляют активы потеть».

В эту группу входит три основных коэффициента.

Коэффициент оборачиваемости товарно-материальных запасов

В идеальном мире компания покупала или производила бы готовую продукцию непосредственно перед тем, как поставить ее клиентам. Таким образом она бы минимизировала затраты на хранение товарно-материальных запасов на складе и, разумеется, уменьшала бы потребность в рабочем капитале. Однако реальный мир далек от идеала, именно поэтому нам нужен этот коэффициент.

При расчете коэффициента оборачиваемости товарно-материальных запасов мы делим объем продаж на товарно-материальные запасы. Этот коэффициент показывает нам количество оборотов товарно-материальных запасов на протяжении года. Чем больше его значение, тем эффективнее осуществляется управление компанией.

Также вы можете встретить коэффициент оборачиваемости товарно-материальных запасов, выраженный в днях. Если вы разделите количество дней в году, т. е. 365, на оборачиваемость товарно-материальных запасов, подсчитанную выше, вы получите среднее количество дней, в течение которых товарно-материальные запасы хранились на складе. Например, если оборачиваемость товарно-материальных запасов равна 10, то в среднем они хранились в компании 36,5 дней.

Достойный ответ

Не сравнивайте яблоки со стульями

Разумеется, интерпретация оборачиваемости товарно-материальных запасов во многом определяется тем, каким бизнесом занимается компания. В супермаркете запасы оборачиваются намного быстрее, чем у производителя самолетов. В последнем случае производство продукции занимает много времени, поэтому коэффициент оборачиваемости товарно-материальных запасов достаточно низкий. В овощном магазине, напротив, часть товара приходит в негодность спустя несколько дней после поступления — поэтому коэффициент оборачиваемости может достигать 40 в год. Компания, которая продает тяжелое технологическое оборудование, будет вполне довольна значением 4 или 5.

Порядок расчета, описанный здесь, достаточно удобен, потому что во всех отчетах приводятся данные по объему продаж и товарно-материальным запасам. Однако более точное значение можно получить, используя при расчете не показатель объема продаж, а себестоимости реализованной продукции. Как правило, ее указывают в годовом отчете, и если это так, воспользуйтесь этим. Тем не менее, чаще всего коэффициент оборачиваемости товарно-материальных запасов рассчитывается так, как было предложено нами изначально.

Вопрос на засыпку

Тест I6

Старший кладовщик хранит много устаревших товарно-материальных запасов. Значение коэффициента оборачиваемости запасов в конечном счете улучшится или ухудшится?

Для нужд внутренней оценки эффективности использования товарно-материальных запасов в расчетную формулу включается именно себестоимость реализованного товара, а не объем продаж. Еще в этом случае компания рассчитывает коэффициент оборачиваемости запасов по каждому виду продукции. Поскольку валовая маржа на различные товары разная, то компания видит иную картину, нежели внешний наблюдатель. Это еще одно подтверждение того, что руководство компании располагает бо́льшим объемом информации, чем посторонние наблюдатели, и может использовать ее при планировании. Нужно учитывать это обстоятельство, особенно там, где оно играет значимую роль. Например, общий отчет крупного объединения сводит вместе результаты по совершенно разным видам деятельности. Показатель оборачиваемости товарно-материальных запасов в данном случае имеет усредненное значение и не представляет особой ценности.

HAR* и *Compusell

В *HAR* нет товарно-материальных запасов — поэтому данный коэффициент не играет большой роли. В случае *Compusell* оборачиваемость товарно-материальных запасов составляет 7,6 (в прошлом году она была 6,3). Это среднее значение по отрасли, и здесь мы видим улучшение на 20%.

Период погашения покупательской задолженности

Еще один важный показатель эффективности управления — период погашения покупательской задолженности, который рассчитывается как отношение дебиторской задолженности к среднему объему продаж в день. Высокое значение данного показателя (например, 110 дней) может свидетельствовать о проблемах в экономической организации работы. Еще хуже, если столь большой период погашения задолженности вызван несогласием клиента с той суммой, которая указана в счете-фактуре, или же неудовлетворительной поставкой, когда клиент считает, что он получил не то, что он заказывал.

В области технологий большой период погашения покупательской задолженности часто связан с тем, что поставщику нужно определенное время, чтобы привести продукцию в полное соответствие с потребностями покупателя.

Compusell

Принимая во внимание тот факт, что *Compusell* относится к сектору технологий, период погашения покупательской задолженности в 48 дней считается хорошим результатом. Положение спасают расходные материалы, которыми компания торгует в больших количествах. Еще с их помощью легче оценить кредитоспособность торговых посредников, которых компания выбирает в качестве каналов сбыта. *Compusell* может прекратить поставки розничным торговцам, которые регулярно задерживают выплату. Также компания предлагает различные премии и скидки тем, кто оплачивает счета в кратчайший срок.

Будьте осторожны при расчете этого коэффициента, если компания проводит много торговых операций за наличные средства. Если 50% всего дохода поступает немедленно, потому что клиенты платят наличными, мы должны исключить это число из расчета, чтобы узнать настоящий период погашения покупательской задолженности. Опять-таки, внутри компании менеджеры располагают всей необходимой информацией и поэтому могут ставить цели по достижению того или иного периода погашения покупательской задолженности с учетом наличных платежей. Посторонний человек может знать только общий доход от продаж, не имея представления, сколько платежей было произведено наличными. Однако даже в этом случае расчет нельзя назвать совершенно бессмысленным, поскольку он позволяет сравнить работу руководства в текущем году с работой в прошлом году, а также с результатами деятельности других компаний в этой же отрасли.

Практический совет: период погашения покупательской задолженности

Если вы изучаете отрасль, где обычно срок платежа составляет 30 дней, период погашения покупательской задолженности будет колебаться в пределах 50–70 дней. Меньшее значение говорит о хорошей работе, большее — о возможной проблеме.

Коэффициент оборачиваемости активов

Мы уже говорили, что акционеры предоставляют свой капитал в распоряжение руководства компании, чтобы получить доход. Они также создают базу активов, с которой можно работать. Коэффициент оборачиваемости активов как раз и характеризует эффективность использования этих активов. Он представляет собой отношение общих объемов продаж к суммарным активам.

HAR* и *Compusell

В *Compusell* коэффициент оборачиваемости активов равен 130%, как и следовало ожидать. В *HAR* данный показатель не играет роли, поскольку у компании мало основных средств, большую часть которых составляют нематериальные активы. Главный актив *HAR* — это персонал, и, как мы знаем, он не отображается в бухгалтерском балансе, хотя и учитывается при оценке стоимости бизнеса.

Практический совет: эффективность использования активов

Как мы уже говорили, эффективность использования активов зависит от отрасли: самая высокая — у розничной торговли (иногда более 250%), а самая низкая — у компаний, которые сдают недвижимость в аренду (около 20%).

Коэффициенты финансового «рычага»

Коэффициенты финансового «рычага» сравнивают внешние обязательства со средствами акционеров. Если у компании высокий уровень задолженности по сравнению со средствами акционеров, она уязвима в условиях повышения процентной ставки. И хотя доля прибыли, идущая на погашение процентов, или значение коэффициента покрытия процентов могут быть удовлетворительными на тот момент, когда производится выплата кредита, ситуация обострится, если процентные ставки резко поднимутся. Эту потенциальную опасность нужно обязательно принимать во внимание при расчете данных коэффициентов.

Коэфициент соотношения долгосрочной задолженности и общей капитализации

Данный коэффициент, как мы уже выяснили, сравнивает долгосрочную задолженность с общей капитализацией, которая представляет собой сумму чистых средств акционеров и долгосрочной задолженности. Чем больше его значение, тем выше вероятность того, что задолженность станет для компании тяжким бременем. Чем больше задолженность, тем больше проценты, меньше прибыль и, соответственно, меньше возможности для выплаты дивидендов. Данный коэффициент рассчитывается как отношение долгосрочной задолженности к общей капитализации.

HAR Plc

Исходя из предложенного нами порядка расчета, коэффициент соотношения долгосрочной задолженности и общей капитализации равен 59%.
Некоторые аналитики предпочитают более консервативный подход и берут чистые средства акционеров как разницу между общими средствами акционеров и нематериальными активами. В этом случае полученный результат будет еще больше подчеркивать уязвимость *HAR.* Стоимость нематериальных активов компании составляет 1 млн. ф. ст. Мы получаем чистые средства акционеров стоимостью 297 ф. ст., долгосрочная задолженность равна 2, 04 млн. ф. ст., а коэффициент соотношения долгосрочной задолженности и общей капитализации равен 87%.

Этот модифицированный показатель играет большую роль при оценке кредитоспособности компании, а также ее потенциала роста за счет заемных средств.

Кредиторы настороженно относятся к компаниям с большой долей нематериальных активов. Не забывайте, что они стремятся, в первую очередь, к безопасности и знают, что в случае вынужденной продажи имущества нематериальные активы имеют невысокую стоимость, а то и вовсе не представляют ценности.

Достойный ответ

Творческая бухгалтерия

Вопреки стандарту *FRS 5* компании все еще имеют возможность не отображать некоторые активы в балансе. Например, операционная аренда позволяет предприятию пользоваться активами, не заявляя о своем владении ими. В балансе не отображаются ни актив, ни обязательство перед лизинговой компанией. Суммарная задолженность, таким образом, кажется меньше, чем она есть на самом деле.

Стандарт *FRS 4* положил конец еще одному приему творческой бухгалтерии в этой области. Существуют так называемые конвертируемые акции. Вначале они напоминают обыкновенный заем. Лицо, которое покупает конвертируемую акцию, предоставляет определенную сумму средств, равную ее стоимости, в распоряжение компании и получает соответствующие проценты. Однако в будущем это лицо имеет право превратить ее в обыкновенную акцию. Компании, которые хотели снизить значение коэффициента концентрации заемного капитала, выпускали конвертируемые акции и включали их, хотя и несколько преждевременно, в средства акционеров.

После выплаты дивидендов у прибыльной компании, как правило, остается часть прибыли, которую она может использовать для дальнейшего роста и инвестиций. Нераспределенная прибыль, дополняя средства акционеров, позволяет предприятию брать больше кредитов, не повышая при этом значения коэффициента соотношения долгосрочной задолженности и общей капитализации. Для разных отраслей приемлемое значение данного коэффициента будет разным, но мы все же можем предложить определенный критерий.

Практический совет

Возьмем в качестве примера компанию, где общая капитализация равна 200 млн. ф. ст. У нас есть три варианта распределения средств.

Средства акционеров	90	67	34
Задолженность	10	33	66
Коэффициент соотношения долгосрочной задолженности и общей капитализации	10%	33%	66%

Таким образом, мы можем говорить о низком, среднем и высоком уровне долгосрочной задолженности.

Доля прибыли, идущая на погашение процентов

Этот показатель характеризует способность компании выполнить свои обязательства и рассчитывается как отношение процентов за кредит, подлежащих уплате, к прибыли, из которой они выплачиваются, т. е. к *EBIT*. С ним вам будет немного сложнее, чем с другими коэффициентами, поскольку необходимые данные находятся, скорее всего, не в отчете о прибылях и убытках, а в примечаниях к нему. Однако его значение невозможно подделать, и сейчас многие считают его главным коэффициентом финансового «рычага».

Данный коэффициент выделяет прибыль, которую компания может потратить на выплату процентов. Он показывает, насколько легко компании произвести процентные выплаты на данном этапе и могут ли у нее возникнуть проблемы в этой связи в будущем. Если компания получает хорошую прибыль и стабильно повышает свою рентабельность, то этот коэффициент может оказаться более полезным, чем предыдущий.

Например, если руководство компании выкупает контрольный пакет акций, оно может воспользоваться заемными средствами и коэффициент соотношения долгосрочной задолженности и общей капитализации будет очень высоким. Однако растущая прибыль и улучшающийся показатель доли прибыли, идущей на погашение процентов, должны успокоить акционеров и даже позволить дальнейшее заимствование средств, если это необходимо для реализации заявленной стратегии. Подобная ситуация подразумевает наличие потенциала роста. На некотором этапе акционеры и совет директоров, возможно, захотят выплатить задолженность и увеличить количество акций. Тогда уровень долгосрочной задолженности снизится.

Непредсказуемый вопрос

Принимая во внимание, что в *Compusell* низкий уровень долгосрочной задолженности, мы должны поинтересоваться: действительно ли компания использует в своих интересах рыночный рост? Повысились бы объемы продаж и прибыль, если бы она взяла в кредит больше средств?

Теперь вы видите, что гораздо меньший риск для кредиторов представляют компании с низкой концентрацией заемных средств, где прибыль покрывает проценты к уплате. Совсем другое дело, если суммарные проценты составляют 80% от прибыли. У компании остается мало средств для уплаты налогов и дивидендов, и стоит только прибыли слегка снизиться или процентной ставке слегка подняться, как доля прибыли, идущая на погашение процентов, приобретает значение, превышающее 100%, и само существование компании ставится под угрозу. Не забывайте о примерах, которые мы приводили в главе 3, когда говорили о двух коэффициентах финансового «рычага».

Практический совет

Доля прибыли, идущая на погашение процентов, считается низкой, если она равна 20%, средней — при 50% и высокой — при 80%.

Коэффициенты рабочей силы

До сих пор мы говорили о показателях, которые публикуются компанией на основе бухгалтерского баланса и отчета о прибылях и убытках. Но нужно взглянуть еще на один важный аспект деятельности любой компании — ее персонал, который председатели правления часто называют «самым главным активом». А насколько эффективно компания использует этот актив, мы узнаем с помощью трех коэффициентов.

?–! Достойный ответ

Творческая бухгалтерия

Ранее мы говорили о том, как компания может капитализировать расходы на научно-исследовательскую работу. Она может также капитализировать расходы, связанные с финансовыми операциями, — т. е. с получением кредитов на создание базы основных средств. Стоимость активов отображается в балансе как сумма их себестоимости и финансовых расходов. Это позволяет скрыть истинное значение коэффициента покрытия процентов, потому что изменение процентов, показанное в отчете о прибылях и убытках, занижено на сумму капитализированных процентов. Это также означает, что актив, по крайней мере вначале, может проходить в балансе по более высокой стоимости, чем его реальная рыночная цена. Эта проблема была частично устранена *FRS II*.

Вопрос на засыпку

Тест I7

Многие ежегодные отчеты указывают не среднесписочную численность персонала в течение всего года, а численность персонала на конец года. Если в прошлом году штат сотрудников компании включал 850 человек на конец года, а за год до этого — 660, какой была среднесписочная численность персонала в прошлом году?

Коэффициент реализации на одного сотрудника

Значение коэффициента реализации на одного сотрудника меняется в зависимости от отрасли. В сфере услуг, где используется много рабочей силы, оно будет значительно ниже, чем в частично автоматизированном производстве, например компьютерной техники. В гостиничном бизнесе коэффициент реализации на одного сотрудника может быть в два раза меньше, чем в компании, которая производит электронные приборы.

Практическое правило

В гостиничном бизнесе коэффициент реализации может быть менее 80 тыс. долл. на сотрудника, а в компании с высоким уровнем автоматизации, производящей электронные приборы, — 400 тыс. долл. и даже более.

Если компания отстает от своих конкурентов по этому показателю, это может привести к снижению прибыли. И содержание рабочей силы, и сокращение штатов дорого обходится компании, поэтому руководство пристально следит за этим коэффициентом.

Коэффициент прибыли на одного сотрудника

Если у компании коэффициент реализации на сотрудника достаточно конкурентоспособен, а прибыль на сотрудника меньше, чем в целом по рынку, руководству следует больше внимания уделить управлению прямыми и непрямыми расходами.

Практический совет

Строительной компании требуется много работников, чтобы создавать свою продукцию. В этом случае коэффициент прибыли на сотрудника может быть 6 тыс. долл., а то и меньше. Если же мы говорим об агентстве по аренде недвижимости, то основную работу здесь выполняют активы, а прибыль на сотрудника может быть в десять раз больше.

HAR Plc

Проблемы *HAR* снова дают о себе знать, на этот раз в коэффициентах рабочей силы. Реализация на сотрудника здесь довольно неплохая — 209 878 ф. ст.; этого и следовало ожидать, поскольку каждый консультант создает большую потребительскую ценность. Когда компания находит своим клиентам подходящие кандидатуры на ту или иную должность, она получает вознаграждение. Однако по сравнению с прошлым годом вы можете отметить резкое снижение прибыли на сотрудника. Обратите внимание также, что средняя заработная плата очень высока.

Полная неконкурентоспособность показателя прибыли на сотрудника сигнализирует совету директоров, что необходимо пересмотреть численность штата. Есть два пути решения этой проблемы: повысить объемы продаж и прибыль или же произвести сокращение штата. В современном мире бизнеса компания не может оставлять подобное положение дел без внимания.

Средняя заработная плата

Средняя заработная плата, опять-таки, тесно связана с конкурентоспособностью. Если компания платит своим сотрудникам меньше, чем в среднем на рынке, в конечном счете она вынуждена будет довольствоваться рабочей силой низкого качества, поскольку не сможет привлечь и/или удержать лучших специалистов.

Удостоверьтесь, что вы сравниваете подобное с подобным. Например, если вы сравниваете две компании из одной и той же отрасли, в одной из которых большинство служащих родом из Великобритании, а в другой — из Юго-Восточной Азии, вы обнаружите, что в первом случае средняя заработная плата намного выше. Это не означает, что у одной из компаний серьезные проблемы; просто она работает в среде, где, по крайней мере сейчас, заработная плата в целом ниже.

Испытайте свои силы

Чтобы подытожить полученные знания, ответьте: имеет ли смысл высчитывать среднее значение того или иного коэффициента для всей отрасли? Возьмите сектор, который вас интересует, и раздобудьте годовые отчеты, по меньшей мере, четырех самых крупных компаний в нем. Сложите показатели по этим компаниям, разделите их на четыре — и вы получите среднее значение.

Средние показатели можно отыскать также в различных справочных материалах, которые содержат информацию о рыночных секторах.

ГЛАВА 5

МОНИТОРИНГ ТЕКУЩЕЙ ДЕЯТЕЛЬНОСТИ

Введение: финансовая и управленческая отчетность

В главах 3 и 4 мы узнали, каким образом компании оценивают и измеряют финансовые результаты. Мы рассмотрели также два основных документа финансовой отчетности: отчет о прибылях и убытках и бухгалтерский баланс.

Финансовый учет связан с составлением отчетов, в первую очередь для акционеров. Формат этих отчетов устанавливается законодательным «Актом о компаниях» в Соединенном Королевстве и аналогичным законом в США. С другой стороны, главная задача управленческих отчетов — помощь руководству. Такие отчеты не имеют стандартного формата и составляются исходя исключительно из потребностей данной компании. Единственное условие — они должны содержать достаточно информации для эффективного управления.

Таким образом, финансовые и управленческие отчеты выполняют разные задачи, это особенно ярко проявляется в отношении сроков отчетности. Информации о некоторых жизненно важных показателях руководитель не должен дожидаться всю неделю, иначе будет уже слишком поздно. Хорошие менеджеры много внимания уделяют системе управленческого учета: в конце концов, именно по этому критерию высшее руководство оценивает их работу.

Вопрос на засыпку

Тест 18

В управленческом отчете указано, что отдел продаж не справляется с поставленной задачей. Какое из этих двух действий вероятнее всего будет немедленной реакцией со стороны руководителя:

- требование того, чтобы каждый служащий отдела продаж проводил больше времени с клиентами;
- изучение уровня обеспечения отдела продаж: организация труда, соотношение затрат и результатов и т. п., и создание условий для повышения отдачи от того количества времени, которое служащие проводят с клиентами?

Compusell Inc.

В число объектов пристального внимания *Compusell* входит индустрия телекоммуникаций. Оптовая торговля в этой сфере является сегментом с большим потенциалом роста. Оптовики часто предлагают телефонным операторам за определенную плату проводить по своим каналам связи телефонные звонки. Причем плата все время меняется. Например, оптовая компания, действующая на чрезвычайно оживленном северно-атлантическом направлении, соединяющем США и Европу, на какой-то ограниченный период времени может установить плату, которая будет ниже себестоимости. Подобным образом она стремится завоевать большую долю рынка. Конкурентам нужно иметь невероятно быстродействующую систему управленческого учета, которая бы в буквальном смысле каждый час давала сведения о стоимости телефонного трафика через эту сеть. Устаревшая информация может привести их к большим потерям.

Особенность управленческого учета заключается в том, что он отображает тенденции конкретной отрасли и экономики в целом, а также указывает руководству компании на какие-то тревожные признаки и явления.

Что первично: бюджет или учет? Многие компании лучше знакомы с бюджетной системой, которая развивалась на протяжении многих лет. В следующей главе мы поговорим о том, как составляется бюджет и как принять участие в этом масштабном ритуале, ведь выполнение бюджета в большей или меньшей степени служит критерием для оценки работы менеджеров. Однако, по всей видимости, именно учет можно назвать отправной точкой для внутреннего контроля, поскольку без него управление компанией невозможно.

От стратегии к управленческому учету

Компания, подразделение или отдельное звено вырабатывают стратегию, которая проясняет, какие товары и на каких рынках они собираются продавать. Они также знают о своем конкурентном преимуществе. Затем принимается решение, какие рынки нужно осваивать наиболее интенсивно, где работать без изменений, от каких лучше постепенно (или срочно) отказаться. В результате вырисовывается операционный план, содержащий цели, которые компания попытается достигнуть, сначала на командном, а потом и на личном уровне. Первое требование к системе управленческой отчетности — выявлять, насколько компания приблизилась к поставленным целям за определенный промежуток времени (отчетный период). Каждая команда, каждый член команды — все должны получать своевременную и достоверную информацию о достигнутых результатах.

?–! Достойный ответ

Наверное, проще всего показать, что такое хорошая система управленческого учета, исходя от обратного – так называемого «кегельного менеджмента». Здесь мы используем аналогию с командами, которые играют в кегли под руководством начальства. Каждый игрок знает, что кегли установлены в конце дорожки, но он не видит их, потому что руководство поместило перед ними ширму.

Игрок бьет по мячу, а менеджеры заглядывают за ширму и сообщают число промахов и попаданий. Каким бы нелепым это ни казалось, но система управленческого учета, которая развивалась на протяжении многих лет, до сих пор несет в себе элементы «кегельного менеджмента».

Впрочем, все не так просто, как кажется на первый взгляд. Осведомленность о финансовых результатах часто выступает хорошим руководством к действию со стороны высшего руководства компании. Например, если вы видите неудовлетворительное значение какого-то показателя, следует выяснить причины этого и предпринять меры по исправлению ситуации. Однако, если вы будете получать данные из финансовых отчетов, может оказаться уже слишком поздно. Рассмотрим один пример.

?–! Достойный ответ

Стеклянные бутылки производятся в специальной печи. Они чувствительны к изменениям целого ряда физических условий, таких как температура и давление. Из печи они попадают в холодильные камеры и хранятся там до отгрузки покупателю. В среднем бутылки пребывают на складе 25 дней. На данном этапе они отображены в управленческой отчетности как объект продажи. Но отчет будет составлен в конце месяца, и только тогда его увидят производственные служащие и торговые менеджеры. Возврат некачественных бутылок отразится в отчетности спустя еще один месяц.

Если на этапе горячей обработки возникнут какие-то проблемы, было бы безумием дожидаться, пока торговый и производственный отделы узнают, что они производят продукцию худшего качества или продают меньше товара. Вам нужно знать это уже на переходе к холодной обработке. А еще лучше установить специальное оборудование, которое держало бы под контролем весь этап горячей обработки и позволяло бы вам отрегулировать давление или температуру в случае каких-то отклонений. И как бы парадоксально это ни звучало, многие из существующих систем управленческого учета далеко не способствуют оперативному решению проблемы.

Прежде чем мы начнем характеризовать хорошую систему управленческого учета, мы должны указать на один существенный недостаток центров прибыли, который часто проявляется в реальной жизни. Создание центров прибыли — это, безусловно, хорошая мысль, ведь работа всех команд и подразделений оценивается с точки зрения объема прибыли, которую они получают. Если они еще и достигают поставленных целей, то, казалось бы, вся компания работает на пике своих возможностей. Однако у Нормана Смарта своя точка зрения на этот счет.

Smart Autos

Норман Смарт — владелец и директор автомобильного салона *Smart Autos*. Он гордится репутацией, которую снискал его магазин среди местных жителей, и знает о существовании большого потенциала для роста при условии, что он и дальше будет удовлетворять потребности клиентов и получать прибыль. Главной стратегической задачей он считает увеличение объемов продаж новых автомобилей и качественное послепродажное обслуживание.

За последнее время компания *Smart Autos* значительно увеличилась в размерах — и бухгалтеры советуют Смарту провести реструктуризацию и создать несколько отделов. По их мнению, подобная структура будет лучше соответствовать продолжающемуся росту. Смарту нравится этот план: теперь он может призвать своих менеджеров, о которых он достаточно высокого мнения, развивать и совершенствовать деловые навыки.

Таким образом, с начала нового финансового года в компании будет три отдела. Элисон Эндрюс будет управлять отделом по продаже новых автомобилей, Боб Бомон — отделом по продаже подержанных машин, а Крик Кук — отделом обслуживания. Все трое рады предоставленной возможности проявить себя.

Каждый менеджер должен управлять своим отделом как независимой компанией. Ему нужно взять на себя частичное покрытие общих накладных расходов и работать с остальными отделами как с внешними предприятиями, например в качестве внутреннего поставщика или клиента. Наконец, для каждого менеджера бюджет будет предусматривать премии в виде процента от прибыли.

Накладные расходы будут делиться на три группы. Во-первых, любые накладные расходы, которые понес тот или иной отдел, будут записаны на его счет. Во-вторых, ряд расходов (плата за аренду, освещение, страховку и т. п.) будет взиматься с каждого отдела в зависимости от занимаемой им площади. В-третьих, покрытие остальных накладных расходов будет обеспечиваться за счет отчислений с каждого отдела в размере 3% от его прибыли.

Смарт полагает, что, если каждый отдел будет стремиться к увеличению прибыли, общая прибыль компании достигнет, разумеется, также максимального уровня. Он объявляет всем без исключения сотрудникам, что главная задача на этот год — рост, повышение доходов и поддержание хорошей репутации компании посредством высокого качества и добросовестности.

Здесь в игру вступает постоянный клиент. Чтобы лучше осознать неудобства, которые он испытывает в связи с этой реструктуризацией, предположим, что это вы. Итак, вы хотите приобрести новый *Ford* по цене 18 тыс. ф. ст. и продать ваш старый автомобиль, который вы купили подержанным в *Smart Autos* два года назад. Все это время вашу машину обслуживали специалисты *Smart Autos*. Во время последнего технического осмотра они сообщили, что коробка передач требует капитального ремонта, который обойдется вам в 1 тыс. ф. ст.

Вы решаете снова воспользоваться услугами *Smart Autos*: несмотря на проблемы с коробкой передач, вы полагаете, что получили хорошее качество за потраченные вами деньги. Вы намерены предложить компании встречную торговую сделку: вы «отдаете» старый автомобиль, доплачиваете некоторую сумму и получаете новый. Вы надеетесь, что *Smart Autos* не станет принимать во внимание состояние коробки передач и предложит хорошую цену за вашу старую машину, например 7 тыс. ф. ст. Вы знаете также, что компания может сбавить немного цену на новый автомобиль, и надеетесь доплатить за него, в общей сложности, 9 400 ф. ст. Однако коробка передач все-таки неисправна, и вы понимаете, что, возможно, вам придется согласиться на 9 800 ф. ст. Эта сумма, полагаете вы, устроит и вас, и компанию.

Теперь взгляните на ситуацию с точки зрения менеджеров. Ниже приведен фрагмент из прогнозного отчета о прибылях и убытках.

***Smart Autos*:** фрагмент из прогнозного отчета о прибылях и убытках

	Новые автомобили	Подержанные автомобили	Обслуживание	Всего
Внешние продажи	850	560	90	1500
Внутренние продажи	350		80	430
Общий доход	1200	560	170	1930
Себестоимость реализованной продукции				
Новые автомобили	700			700
Встречная продажа	380	90		470
Внутреннее потребление		350		350
Ремонт (обслуживание)		80		80
Прямая заработная плата			45	45
Прямые расходы на материалы			37	37
Валовая прибыль	120	40	88	248
Заработная плата	35	22	15	725
Накладные расходы по каждому подразделению	10	8	27	45
Плата за аренду и т. п.	58	6	6	20
Распределенные накладные расходы	36	17	5	58
Всего накладных расходов	89	53	53	195
Чистая прибыль	31	– 13	35	53

Теперь давайте посмотрим, что происходит в компании. Крис Кук выставляет Бобу Бомону счет в 1 тыс. ф. ст. за ремонт коробки передач, плюс еще 1 тыс. ф. ст. (25 часов по 40 ф. ст. в час) за подготовку автомобиля к перепродаже. Этот счет полностью соответствует инструкции Нормана Смарта относиться к внутренним покупателям, как к внешним клиентам. В результате данной операции Крис получает прибыль, которая после отчисления 3% на покрытие общих накладных расходов составляет 540 ф. ст.

Боб знает, что подержанную машину удастся продать только за 6 800 ф. ст. Из этой суммы нужно вычесть 3% на покрытие общих накладных расходов, а также 2 тыс. ф. ст., которые пойдут Крису.

Боб оставляет себе скромную прибыль в 400 ф. ст., и самое большее, что он может предложить Элисон для встречной торговой сделки, — это 4 200 ф. ст.

Элисон потрясена. Ее прибыль от продажи автомобиля за полную цену составляет всего лишь 25%, т. е. 3 600 ф. ст. Из этой суммы она должна отчислить 3% как за новую машину, так и за внутреннюю продажу. Это означает, что покупатель должен отдать свой старый автомобиль и заплатить 10 800 ф. ст. по внешней торговой сделке, только чтобы Элисон покрыла все расходы. Если же Элисон хочет получить прибыль, цену придется поднять еще выше.

Не в силах убедить вас заплатить эту сумму — помните, она на 1 тыс. ф. ст. превышает ту, которую вы были готовы отдать в крайнем случае, — Элисон начинает переговоры с остальными двумя менеджерами. Теперь они втроем работают над тем, как добиться безубыточности. Для этого каждый из них должен раскрыть свои статьи расходов. Начните с отдела обслуживания, перейдите к отделу по продаже подержанных машин, и в итоге вы придете к цене, по которой Элисон должна продать новый автомобиль — 16 909 ф. ст.

	Новые автомобили	Подержанные автомобили	Обслуживание
Внешние продажи	16 909	6 800	1 443
Внутренние продажи	5 153		
Общий доход	22 062	6 800	1 443
Себестоимость реализованной продукции			
Новые автомобили	14 400		
Встречная продажа	7 000		
Внутреннее потребление		5 153	
Ремонт (обслуживание)		1 443	
Прямая заработная плата и прямые расходы на материалы			1 400
Распределенные накладные расходы	662	204	43
Чистая прибыль	0	0	0

Таким образом, Элисон предлагает вам цену 9 909 ф. ст., чтобы все отделы смогли добиться безубыточности. И вы уходите, потому что и эту сумму вы заплатить не согласны.

Подумайте о том, что потерял Норман Смарт. Если бы не реструктуризация, он бы добился следующего:

Продажа нового автомобиля (чистый доход)		9 800
Продажа подержанного автомобиля		6 800
		16 600
Себестоимость нового автомобиля	14 400	
Ремонтные расходы	1 400	
	15 800	
Прибыль		800

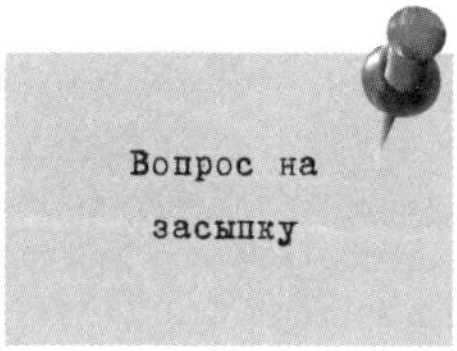

Тест 19

Внутренний отдел информационных технологий взимает плату с внутренних клиентов за телефонные звонки в размере их себестоимости плюс 2%, а его вклад в общие накладные расходы составляет 8% от его доходов. Будет ли этот отдел получать прибыль, если его клиенты станут делать больше телефонных звонков?

Каковы свойства хорошей системы управленческого учета?

Теперь давайте посмотрим на проблему под другим углом зрения и поговорим о девяти свойствах хорошей системы управленческого учета.

Свойство 1

Хорошая система управленческого учета появляется тогда, когда есть регулярное и эффективное взаимодействие между финансовыми менеджерами и руководством.

В процессе планирования многие управленческие команды допускают одну и ту же ошибку: они слишком поздно привлекают к рассмотрению проблемы финансистов. Ни один финансовый отдел не способен немедленно отреагировать на изменившиеся требования к отчетности. Поэтому подключайте его сотрудников к работе на начальных этапах.

Телефонная компания

Часть операторов в одной телефонной компании объявила забастовку. Компьютеризированная система управленческого учета зарегистрировала точное снижение производительности, изменение количества обслуженных звонков и времени, которое требовалось для соединения клиента с тем, с кем он хотел поговорить. Система зафиксировала данные по отдельным операторам, регионам, территориям и всей стране. Однако клиенты, которые руководствуются другими критериями успеха, не заметили никакой разницы и не поняли, когда забастовка закончилась.

Финансовому отделу требуется много времени, чтобы оценить и систематизировать финансовые результаты деятельности компании. Годовой отчет публикуется не раньше, чем через три месяца после окончания года. Принимая во внимание стремительный ритм нашей жизни и творческую бухгалтерию, о которой мы говорили ранее, стоит прислушаться к мудрым словам: «Вы начинаете анализировать отчет и внезапно осознаете, что положение стало непоправимым восемнадцать месяцев назад, а в прошлом году компания обанкротилась».

Свойство 2

Хорошая система управленческого учета не ограничивается фиксированием финансовых последствий всего происходящего в компании. Как мы уже увидели на примере производства бутылок, финансовые данные — это так называемые «запаздывающие» показатели. Они рассказывают, что было не так, лишь спустя какое-то время. Вам же нужно узнать, что случилось, намного раньше, и предотвратить пагубное воздействие данного события на другие области. Чтобы определить, какая именно информация вам нужна, задайте себе вопрос: «Какие факторы определяют для меня успех, а какие — поражение?»

HAR Plc

Говорят, что репутация агентства по трудоустройству всегда зависит от последнего кандидата, которого оно предложило своему клиенту (в особенности, постоянному клиенту). Вы предлагаете кандидатов, которые оправдывают вашу оценку, остаются в компании клиента и добиваются там карьерного роста — и у вас хорошая репутация. С точностью до наоборот все происходит тогда, когда клиент приходит к вам спустя три месяца и просит порекомендовать другую кандидатуру на место предложенного вами раньше человека, потому что не подходит для данной должности. Долго ли клиент будет доверять *HAR*? Он знает, что ни одно кадровое агентство не застраховано от ошибок, однако один промах за другим уже не может быть чистой случайностью. Энди прекрасно понимает это и решает, что система управленческого учета должна фиксировать, сколько раз предложенная кандидатура оказалась неудачной. Это решение можно назвать разумным по трем причинам. Отныне Энди сможет внимательнее присмотреться к менеджерам, которые допускают много ошибок, принять предупредительные меры, если он чувствует, что у клиента настали плохие времена, и быть уверенным, что менеджеры курируют людей, которых они трудоустроили, потому что только так они смогут собрать необходимую для отчетов информацию.

Факторы успеха часто связаны с деятельностью компании, а не с финансовыми результатами. Таким образом, полезно различать показатели активности и рентабельности. Рентабельность сравнивает доходы с затратами, а активность просто говорит, сколько раз произошло то или иное событие. Помните, что в отчетах по активности проблема персонала достаточно неоднозначна. Их составители с готовностью сравнят число людей, работающих над реализацией двух проектов, а вот идея подсчитать, сколько раз в день служащие делают десятиминутные перерывы или как часто они посещают уборную, вряд ли будет встречена с восторгом. Эффект «старшего брата» играет все большую и большую роль, поскольку для подробных и точных отчетов по активности начинают широко применяться компьютеры. Вам нужно добиться необходимого уровня активности, избежав забастовки служащих (см. пример телефонной компании выше).

HAR Plc

Мы уже видели, что спад экономической активности приводит к стремительному сокращению заказов и объемов продаж в *HAR*. А одна из причин, почему ситуация так сильно вышла из-под контроля, кроется в том, что руководство среднего звена вовремя не зафиксировало этот спад в управленческой отчетности.

Разумеется, менеджеры увидели, наконец, ежемесячные показатели и поняли, что стоимость услуг по подбору персонала снизилась. Однако произошло это спустя два месяца после спада активности.

Служба прогноза продаж также не помогла. Менеджеры кадрового агентства ни за что не внесут коррективы в существующие прогнозы, если у них нет абсолютной уверенности, что достигнуть запланированных результатов им не удастся. Никому не нравится предсказывать неудачу, а человек по природе своей склонен надеяться, что все обойдется. Грядущие неприятности становятся очевидными только тогда, когда все без исключения менеджеры признают, что ситуация на рынке изменилась в ту или иную сторону.

А *HAR* нужно было что-то такое в системе управленческого учета, что собрало бы воедино информацию, полученную от разных менеджеров. Некая система мониторинга активности, которая фиксировала бы степень загруженности агентов. Возможно, если компания учитывала бы количество проведенных собеседований и даже сделанных телефонных звонков, руководство было бы настороже и при первых тревожных признаках смогло бы предпринять шаги по предупреждению кризиса.

Непредсказуемый вопрос

Можно ли управлять бизнесом, опираясь на пять или менее показателей, которые охватывают ключевые для данной компании факторы успеха?

У каждой компании и у каждого подразделения есть свои факторы успеха. Вам нужно определить их и удержаться от искушения говорить, что их невозможно измерить. Залог успеха, скажем, для бренд-менеджера — написание 2 тысяч слов ежедневно. Залог успеха для ресторана — чистые и комфортабельные уборные. Измерить же ключевые факторы вы можете с помощью отчетов по активности.

Свойство 3

Чтобы отчеты по управленческому учету воспринимались серьезно, они должны пользоваться доверием у менеджеров. Каждый неточный показатель будет неизбежно использован во вред компании — это закон бизнеса.

Достойный ответ

Каждая монета на счету

За каждое пенни, потраченное компанией, отвечает какой-то конкретный менеджер. Перекрестное начисление должно распределять расходы так, чтобы они покрывались теми, кто несет за них ответственность. Если оно происходит в случайном порядке, содержит много ошибок и упущений, руководство не будет доверять данным, которые предоставляет финансовый отдел, и не обратит внимания на тревожные сигналы. В итоге у финансового отдела будет прекрасная отговорка, если что-то пойдет не так - его никто не слушал.

Вместо того чтобы игнорировать данные, которые не соответствуют реальности, менеджеры должны выделить несколько часов на серьезный разговор со служащими финансового отдела и постараться добиться от них большей точности. Это принесет существенную пользу всему бизнесу.

Вопрос на засыпку

Тест 20

Бухгалтерия принимает решение перейти на другой метод начисления амортизации основных средств, чтобы сократить период их списания. Как это повлияет на запланированное значение рентабельности активов в управленческом отчете? Как данный шаг отразится на денежных потоках?

Вопрос: как вы добиваетесь того, чтобы управленческие отчеты были точными и соответствовали действительности? Ответ: с трудом, особенно в крупных компаниях, где существует множество разнообразных факторов успеха.

Итак, обе стороны — те, кто составляет отчеты, и те, о ком их составляют, — должны признать необходимость объективного управленческого учета. Менеджеры должны согласиться, что в конце дня проделанная ими работа будет оценена, а результаты этой оценки будут внесены в отчет. Это будет справедливо по отношению к обеим сторонам.

Непредсказуемый вопрос

Представьте, что у вас в офисе находится марсианин. Он холодно и безучастно наблюдает за вашей работой, а вы понимаете, что от его мнения зависит ваша заработная плата и премия, поскольку он собирает данные для управленческой отчетности. Вам бы это понравилось?

Свойство 4

Хорошая система управленческого учета построена на минимальном количестве ключевых факторов, чтобы менеджеры могли одновременно контролировать их. Многие люди держат действительно важные для их бизнеса показатели в уме и поэтому имеют ориентировочное представление о результатах еще до составления отчетов. Искусство управленческого учета заключается в том, чтобы найти эти показатели. Если вы составляете отчет, помните, что ваш начальник способен отслеживать ограниченное количество показателей. Возможно, вы предоставляете слишком много информации, а сообразительные менеджеры среднего звена пользуются этим, чтобы держать бразды правления в своих руках.

Умная фраза на случай

Следите за контрольными показателями

В одной бухгалтерской фирме работу персонала оценивали всего лишь по четырем критериям:

- незавершенная работа, т. е. выполненная работа, счет за которую еще не был выставлен;
- дебиторская задолженность, т. е. период времени, который требовался, чтобы получить оплаченные счета от своих клиентов;
- коэффициент восстановления, т. е. гонорар, который выражает процентное отношение издержек ко времени, затраченному на выполнение данной работы;

- процент оплаченного времени, т. е. сколько из 240 рабочих дней (или I 680 часов) в году были оплачены клиентами.

Владельцы фирмы в скором времени обнаружили, что они в состоянии отслеживать одновременно только два из этих показателей. Они анализировали данные по каким-то двум критериям, сравнивали реальные значения с запланированными и беседовали с менеджерами, которые несли ответственность за результаты. К тому времени, когда они заканчивали этот анализ, данные по остальным двум критериям устаревали. Опытные бухгалтеры узнавали, какие два показателя будут отслеживаться в этом месяце, и удерживали их в рамках бюджета — пусть даже и за счет остальных двух. Фактически, владельцы компании гонялись за ними по бюджетному циклу, но догнать никак не могли.

Представьте, что вы держите в руках надутый воздушный шар и пытаетесь сжать его. Воздух ускользает из-под ваших пальцев и перемещается в другое место. То же самое происходит, когда вы стремитесь контролировать четыре показателя одновременно.

Именно этого вам нужно избегать. Не позволяйте менеджерам среднего звена держать руководство в неведении из-за царящей в компании «культуры обвинений». «Культура обвинений» означает одно из двух. Во-первых, менеджер может делать вид, что дела обстоят прекрасно, даже если на самом деле это не так, потому что в этом случае у него будет меньше неприятностей (выход — изменить культуру). Во-вторых, менеджеры среднего звена бывают не склонны говорить правду, когда на кону стоит их премия (выход — изменить схему премирования. В нынешнем виде от нее больше вреда, чем пользы).

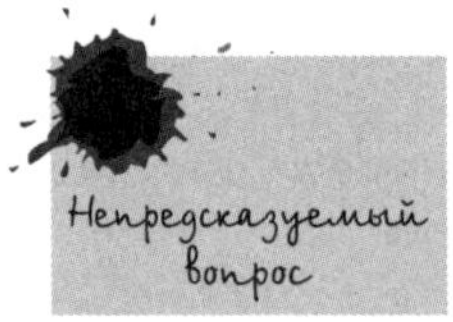

С одной стороны

- вы получаете поощрительные премии за достижение конкретной цели и знаете о схеме премирования и системе управленческого учета. Можете ли вы сделать результаты своей работы более привлекательными в глазах руководства?

С другой стороны

- вы выплачиваете премии. Насколько вы уверены, что существующая схема премирования поощряет именно тех, кто работает на благо всей компании? Вспомните *Smart Autos*.

Свойство 5

Хорошая система управленческого учета содержит четкие указания менеджерам, а не длинные списки не относящейся к делу информации. Менеджеры должны получать только те данные, которые им нужны для выполнения своих обязанностей. К сожалению, сейчас им часто приходится тратить много времени на то, чтобы «выловить» нужные сведения из всего того информационного потока, который регулярно обрушивается на них.

Compusell Inc.

Избыток информации — это не так уж редко встречающаяся ошибка. Когда Салли впервые пришла в отдел продаж, она узнала, что весь торговый персонал знал о результатах деятельности друг друга и своего менеджера. В старые добрые времена это было даже хорошо, потому что все сотрудники боролись за звание того, кто «больше всех перевыполнил план в этом месяце». Когда же у компании начались неприятности, подобная осведомленность стала скорее помехой в работе, потому что разным людям требовалось разное количество времени, чтобы приспособиться к новым условиям.

В офисе царила напряженная атмосфера, и руководство приняло решение ограничить отчеты только теми показателями, на которые поступали индивидуальные запросы.

Свойство 6

Хорошая система управленческого учета выявляет и фиксирует, как те или иные явления влияют на конечные результаты. Порой показатели, которые имеют, на первый взгляд, положительные значения, таят в себе отзвуки приближающейся бури.

Compusell Inc.

На примере *Compusell* хорошо видно, как различные данные связаны между собой. Например, улучшение денежных потоков и прибыли может, как правило, скрыть уменьшение количества заказов, если все три показателя не приводятся в одном отчете.

Свойство 7

Управленческий учет делает сопоставления и указывает на тенденции, а не только приводит конкретные цифры. Этого труднее добиться в сезонном бизнесе, когда менеджерам нужны сравнения между текущим годом и прошлым, а не простой отчет по прошлому месяцу.

Compusell Inc.

Здесь мы приводим отчет о прибылях и убытках, на основе которого Салли контролирует работу своей команды.

Прошлый год	Текущий год	Бюджет	Прогноз
Кварталы 1–3	Кварталы 1–3	Кварталы 1–3	*

Каждый пункт в этой колонке будет выделен красным, желтым или зеленым цветом. Красный означает необходимость в срочных мерах, желтый — что-то выходит из-под контроля, а зеленый говорит о том, что данный пункт, возможно, не требует особого внимания.

Продажи. В этом пункте указан общий доход от продаж (по прейскурантным ценам). Поскольку составители отчета проводят сравнение с соответствующим периодом прошлого года, они обращают внимание на любые сезонные изменения. Приведенное здесь процентное соотношение результатов позволяет быстро оценить произошедшие изменения.

Скидки. Общая сумма, которая была вычтена из прейскурантных цен. Обратите внимание, что на этом уровне приводится сумма по всем видам продукции вместе. Чтобы определить проблемную зону в ассортименте выпускаемых товаров, например с сильным конкурентным давлением на цены, вам понадобится более подробная информация.

Чистые продажи. Общая сумма всех выставленных счетов-фактур.

Себестоимость реализованных товаров. Разные компании рассчитывают ее по-разному. Поэтому вам нужно выяснить, какой использовался порядок расчета, чтобы судить о достоверности этого показателя.

Производство. Частичное покрытие накладных расходов, которое измеряется в зависимости от себестоимости реализованных товаров.

Отчисления в фонд разработки программного обеспечения. Эта статья скажет вам, все ли сотрудники и отделы компании вносят свой вклад в разработку нового программного обеспечения.

Расходы на реализацию. Влияние руководства на данный показатель ограниченно, поскольку на 80% его составляют заработная плата и другие расходы, связанные с персоналом. Менеджеры не могут ничего с этим поделать, поскольку, если они станут экономить на людях, объемы продаж неизбежно снизятся.

Административные расходы. Сюда относятся прямые расходы на содержание административной команды Салли, а также ее доля участия в общих накладных расходах.

Амортизация. В компании Салли есть основные средства, отсюда и амортизационные начисления.

Операционный доход. Наверное, это самый главный показатель прибыли для Салли.

Номинальная стоимость капитала. Большинство управленческих отчетов содержит статью расходов, выделенных на обслуживание капитала. Это могут быть уплаченные проценты, сумма которых указана в последней строке отчета о движении денежных средств. У *Compusell* практически нет заемного капитала, поэтому данный пункт включает только номинальную стоимость капитала. Данный показатель рассчитывается на основе рентабельности заемного капитала, которую компания требует от проводимых операций. Подробнее о нем см. в главе 7.

Прибыль до уплаты налогов. Прибыль за вычетом стоимости капитала.

Налоги. Налоги за проведенные операции *Compusell* будет выплачивать по предельной налоговой ставке.

Чистая прибыль/убытки после уплаты налогов. Итоговый результат.

Денежный поток. Все вышеперечисленные пункты, кроме амортизации и отчислений в фонд разработки программного обеспечения, относятся к денежным потокам. Просуммировав их, мы получим общий денежный поток, о котором подробнее поговорим в главе 7.

Свойство 8

Хорошая система управленческого учета помогает менеджеру принять верное решение. Проиллюстрируем это свойство от обратного — на примере такого учета распределения затрат, который данному требованию не соответствует.

Мы уже говорили об основных показателях управленческого отчета. Возьмем в качестве отправной точки следующую таблицу:

	Кол-во единиц	Цена за единицу	Всего
Продажи			
Прямые расходы			
Материалы			
Рабочая сила			
Накладные расходы			
Административные расходы			
Расходы на реализацию			
Прибыль			

Такое видение мира внутренних финансов влечет за собой много проблем и отклонений. Предположим, компания продает только один вид продукции по цене 400 долл. В бизнес-плане указано, что в этом году планируется продать тысячу единиц товара и получить за каждую из их них прибыль в размере 40 долл. Прогнозный отчет о прибылях и убытках будет выглядеть следующим образом:

	Кол-во единиц	Цена за единицу	Всего
Продажи	1 000	400	400 000
	Прямые расходы		
Материалы	1 000	150	150 000
Рабочая сила	1 000	90	90 000
Всего прямых расходов		240	240 000
	Накладные расходы		
Административные расходы		80	80 000
Расходы на реализацию		40	40 000
Всего расходов		360	360 000
Прибыль		40	40 000

У компании появляются хорошие экспортные возможности. Ее посещает торговый агент, который сообщает, что его клиент готов купить 200 единиц товара при условии, что его цена не будет превышать 320 долл. На первый взгляд, это невозможно, потому что общие расходы на единицу товара составляют 360 долл., т. е.

больше, чем предлагаемая цена. Согласившись на это предложение, компания понесет убытки. Но действительно ли это так?

Вспомним, торговый агент сам пришел в компанию, а это значит, что расходов на реализацию уже не будет. Не будет и дополнительных административных расходов — справиться с выставлением счетов к оплате достаточно просто. Это означает, что мы можем видоизменить отчет о прибылях и убытках.

	Кол-во единиц	Цена за единицу	Всего
Продажи	1 000	400	400 000
	200	320	64 000
Всего продаж	1 200		464 000
	Прямые расходы		
Материалы	1 200	150	150 000
Рабочая сила	1 200	90	90 000
		240	288 000
	Накладные расходы		
Административные расходы		80	
Расходы на реализацию		40	
Всего расходов		408 000	
Прибыль		56 000	

Мы видим, что прибыль возросла с 40 тыс. долл. до 56 тыс. долл. Однако сложно переделывать отчет о прибылях и убытках каждый раз, когда появляется подобная возможность. Более того, мы так и не ответили на вопрос: «Какая самая низкая цена, по которой мы можем продавать продукцию и получать прибыль?» Поэтому давайте перейдем к свойству 9.

Свойство 9

Хорошая система управленческого учета помогает руководителям принять верное решение исходя из реального положения дел, а не из теоретического или воображаемого представления о расходах компании. Здесь мы должны сказать несколько слов о методе маржинального дохода.

Можно решить описанную выше проблему и сделать систему управленческого учета полезной и гибкой, если разделить операционные расходы на постоянные и переменные.

- Постоянные расходы остаются неизменными с ростом объемов продаж. Вам не нужно поднимать зарплату совету директоров, если торговый персонал получает больше заказов. Не будут увеличиваться и административные расходы. В примере, который мы рассматривали выше, постоянные расходы будут отображены в пунктах «Административные расходы» и «Расходы на реализацию».
- Переменные расходы изменяются в зависимости от объемов продаж. К ним в учебных целях мы отнесем заработную плату и закупку материалов.

На самом деле, в реальной жизни все не так просто. Возможно, количество требуемых материалов и изменяется при увеличении количества заказов, а вот рабочая сила — вряд ли.

Раньше считалось, что цена за определенную единицу товара состоит из переменных расходов на единицу, постоянных расходов на единицу и прибыли на единицу. При методе маржинального дохода в цене выделяется только два компонента: переменные расходы и маржинальный доход, который рассчитывается как разница между ценой продажи и переменными расходами.

?–! Достойный ответ

Творческая бухгалтерия

Данная классификация приводит нас к интересному парадоксу. Когда составляется окончательный вариант отчета о прибылях и убытках, переменные расходы можно указать в нем как постоянные, в расчете на единицу продукции, а постоянные, разумеется, останутся постоянными, но будут разными для разных товаров. Это объясняется тем, что они распределяются между всеми проданными товарами.

Таким образом, ответ на вопрос «Как повысить прибыль, не повышая объем продаж и не снижая постоянные или переменные расходы?» становится очевидным — производить больше товаров, даже если вам не удается их реализовать.

В результате вы наращиваете товарно-материальные запасы. Стоимость каждой единицы товара, которая поступает на склад, включает переменные расходы плюс часть постоянных расходов, которые приходятся на нее. В отчетности вы не отображаете эти расходы до тех пор, пока не реализуете данный товар. Самое интересное, разумеется, что визуально прибыль возросла, потому что постоянные расходы распределены между бо́льшим количеством продукции.
Итак, когда вы в следующий раз увидите годовой отчет компании, производящей автомобили, обратите особое внимание на заявления вроде «Нам удалось повысить в этом году прибыль несмотря на то, что мы столкнулись с определенными проблемами при продаже новых машин». Проверьте, сколько новых автомобилей ожидают своих покупателей на площадке компании.

Прежде чем говорить о том, как можно использовать метод маржинального дохода в процессе принятия решений, давайте задумаемся: а имеет ли смысл столь точный расчет показателей производства и реализации продукции? На примере *HAR* и *Compusell* мы рассмотрим, как влияют планы продаж на финансовые результаты.

HAR и Compusell

Перед Салли Кренфилд из *Compusell* и Энди Макреем из *HAR* стоят совершенно разные задачи. Салли должна повысить объемы продаж компьютерных товаров и услуг. Разумеется, она думает о прибыли, однако первоочередная задача для нее — заказы и поставки, т. е. доход. В результате торговый персонал, который находится у нее в подчинении, сосредоточен на заказах. Салли стремится к тому, чтобы максимально повысить конкурентоспособность каждого предложения, особенно в ценовом отношении.
Ниже приведен прогнозный отчет о прибылях и убытках в отношении запланированной сделки, в которой принимают участие сотрудники Салли.

	Кол-во единиц	**Цена за единицу**	**Всего**
Продажи	100	10	1 000
Переменные расходы	100	6	600
Постоянные расходы			300
Прибыль			100

С одной стороны, проблему для нее представляет торговый персонал, с другой — производство, а с третьей — административные расходы. Салли сообщают, что клиент выражает заинтересованность в продукции *Compusell,* однако ему встречалось похожее предложение по более низкой цене. По его мнению, если Салли сбавит цену на 2%, он сможет поднять вопрос о заключении договора с *Compusell* на своем совете директоров. Бюджет позволяет клиенту закупить 98 единиц товара по сниженной цене.

Кроме того, у Салли существует давняя договоренность с производственным отделом о том, что цена на продукцию будет немного повышена. И хотя речь идет всего лишь о 2%, при данных обстоятельствах Салли не может сообщить об этом клиенту.

Салли знает, что административные расходы также возрастут в ближайшем будущем на 2% из-за бо́льших расходов, которые указывает в своих счетах отдел информационных технологий.

Салли переделывает отчет о прибылях и убытках и получает следующий результат

	Кол-во единиц	Цена за единицу	Всего
Продажи	98	9,80	960,40
Переменные расходы	98	6,125	599,76
Постоянные расходы			306
Прибыль		54,64	

Изменения в 2%, каждое из которых невыгодно Салли, «съели» почти 46% прибыли, ожидаемой от сделки.

В *HAR* Энди также предпринимает ряд, на первый взгляд, маленьких шагов, призванных вернуть рентабельность на прежний уровень. В частности, компания продает программные пакеты, которые держат клиентов в курсе событий по трудовому законодательству.

Крупный клиент *HAR* намеревается купить 100 таких пакетов, и Энди задумывается, а не мог бы отдел по сбыту продать немного больше. «Убедите каждого клиента купить на 2% больше образцов, чем планировалось несмотря на то, что мы повышаем цену на 2%», — дает он указание.

Энди закупает материалы у компании, которую он убеждает чуть-чуть снизить цену для *HAR* — на 2%.

Еще он работает с административным аппаратом и просит его быть немного экономнее: «Вы знаете, с миру по нитке... Просто сократите ваши расходы на 2%, о большем я не прошу».

Энди начинал с того же, что и Салли, однако он добился некоторых изменений в свою пользу.

Сделка с крупным клиентом теперь выглядит так:

	Кол-во единиц	Цена за единицу	Всего
Продажи	102	10,20	1 040,40
Переменные расходы	102	5,88	599,76
Постоянные расходы			294
Прибыль			146,64

Когда по каждому показателю 2% работают на вас, ваша прибыль возрастает на 46%. Если вы примете во внимание, сколько сделок совершает *Compusell* во всем мире, вы сможете оценить масштабы упущенной выгоды. Энди же по-другому видит проблему. Он пытается создать в компании культуру, где каждый бы вносил свой, пусть и мельчайший, вклад в увеличение прибыли. Возможно, этого недостаточно, однако это прекрасное начало.

Учет издержек по центрам ответственности

Мы убедились, что в управлении компанией нельзя пренебрегать мелочами. Однако как же все-таки можно избежать ошибки, допущенной в *Smart Autos*? Ответ кроется в учете издержек по центрам ответственности. Нужно так организовать систему управленческого учета, чтобы менеджеры действительно могли держать под контролем рентабельность, вносить свой вклад в оплату накладных расходов и не нести ответственности за чужие издержки. Предлагаем вашему вниманию приблизительный вариант.

	Счета управленческого учета	Примечания	Продукция A B C	Всего
	Продажи	1		
Минус	Переменные расходы	2		
	= Маржинальный доход	3		
Минус	Постоянные расходы, которые контролируются подразделением	4		
	= Маржинальный доход, контролируемый начальником подразделения	5		
Минус	Постоянные расходы, произведенные подразделением, но контролируемые главным офисом	6		

	= Участие подразделения в общих расходах компании	7
Минус	Доля подразделения в покрытии общих расходов компании	8
	Прибыль подразделения	9

В графе «Продукция» указаны различные товары или услуги. Информация в ней размещается перед строкой «Маржинальный доход».

Примечания

1. Общий доход подразделения от продаж по различным видам продукции.
2. Переменные расходы на производство проданной продукции.
3. Разницу между доходом от продаж и переменными расходами мы называем маржинальным доходом. Он показывает относительную рентабельность каждого вида продукции.
4. Постоянные расходы, которые находятся под полным контролем начальника подразделения.
5. Контролируемый маржинальный доход. Этот показатель достаточно точно характеризует работу начальника подразделения и может быть использован при оценке эффективности его работы. Сами же менеджеры с его помощью оценивают, насколько эффективно претворяются в жизнь новые идеи или же сколь быстро реагируют сотрудники на неожиданно представившуюся возможность. Решениев данном случае не зависит от решений, принятых в соседних подразделениях, и нам удается избежать синдрома *Smart Autos*.
6. Примером могут служить расходы на внутреннее информационно-технологическое обслуживание, когда подразделение не имеет права на аутсорсинг. Это же положение относится и к транспортным, и складским

работам. Если главный офис контролирует капиталовложения в основные средства подразделения, здесь появятся также амортизационные начисления.

7. Маржинальный доход — это хороший показатель краткосрочной жизнеспособности или успеха подразделения. Мы наглядно видим все расходы и можем определить, кто должен нести за них ответственность — менеджеры или же главный офис.

8. Существует группа расходов, которые не были произведены подразделением, но за которые оно должно платить. Сюда относятся расходы на содержание совета директоров и, возможно, отдела кадров. Слово «доля» подразумевает, что расходы могут покрываться в зависимости от товарооборота подразделения.

9. Наконец, число в самой нижней строке дает нам представление о долгосрочной жизнеспособности и потенциале подразделения.

Тем не менее главный офис должен признать, что расходы, которые он распределяет между подразделениями, должны приносить им какую-то пользу, а в противном случае их нужно сократить. Сейчас мы увидим, что происходит, когда главный офис считает определенные расходы постоянными и неизбежными.

Когда дела идут ужасно

В этом случае расходы главного офиса составляют 24 млн. ф. ст., а распределяются они между подразделениями в зависимости от объемов продаж.

Подразделение	**A**	**B**	**C**	**Всего**
Товарооборот	100	50	50	200
Маржинальный доход подразделения	18	7	5	30
Расходы главного офиса	12	6	6	24
Прибыль	6	1	(1)	6

Долгосрочная жизнеспособность подразделения С находится ниже допустимого уровня, и руководство компании решает закрыть его. По определению, расходы главного офиса остаются прежними, но теперь их нужно перераспределить.

Подразделение	A	B	Всего
Товарооборот	100	50	150
Маржинальный доход подразделения	18	7	25
Расходы главного офиса	16	8	24
Прибыль (убыток)	2	(1)	1

Теперь «дамоклов меч» обрушивается на подразделение В.

Подразделение	A	Всего
Товарооборот	100	100
Маржинальный доход подразделения	18	18
Расходы главного офиса	24	24
Прибыль (убыток)	(6)	(6)

Красиво, да? Нежелание понять, что расходы главного офиса связаны с маржинальным доходом подразделений, приводит нас к единственно логичному в данных обстоятельствах решению — закрыть весь бизнес. Глупый пример, возможно, но суть вы уяснили.

Операционный «рычаг»

Операционный «рычаг» — это последнее, о чем нужно рассказать в связи с использованием управленческого учета при принятии решений. Если компании (или подразделению) удается повысить товарооборот, не увеличивая постоянные расходы, то она получает большое преимущество. Именно это подразумевают менеджеры под словами: «заставьте активы потеть». Когда вы вкладываете средства в инфраструктуру любого вида, даже небольшое повышение товарооборота существенно увеличивает итоговую прибыль. Понятие операционного «рычага» демонстрирует выгоду данного явления для компании.

Как обычно, потенциал «рычага» тесно сопряжен с риском. Если значение операционного «рычага» равно 5, тогда повышение товарооборота на 10% приведет к росту прибыли на 50%. Уменьшение товарооборота на 10% приведет к пятикратному сокращению прибыли.

Операционный «рычаг» еще в одном отношении подчеркивает зависимость от заказчиков. Ни одна компания не застрахована от потери важного клиента. Предположим, что на самого крупного клиента приходится 20% объемов продаж. Если вы потеряете его, то из-за эффекта операционного «рычага» вы вполне можете лишиться всей прибыли.

?–! Достойный ответ

Операционный «рычаг»

Посмотрим, как влияет соотношение переменных и постоянных расходов на итоговую прибыль. В каждом из четырех описанных ниже случаев зададим себе вопрос: «Если повысить товарооборот на 10%, не увеличивая постоянные расходы, как это отразится на чистой прибыли?» Чтобы рассчитать значение операционного «рычага», мы делим процент изменения прибыли на 10.

Первый случай	ф. ст. Текущее положение	ф. ст. + 10%
Товарооборот	100	110
Переменные расходы	90	99
Маржинальный доход	10	11
Постоянные расходы	0	0
Чистая прибыль	10	11 (увеличилась на 10%)

Операционный «рычаг» равен 1, т. е. он отсутствует.

Второй случай	ф. ст.	ф. ст.
	Текущее положение	+ 10%
Товарооборот	100	110
Переменные расходы	60	66
Маржинальный доход	40	44
Постоянные расходы	30	30
Чистая прибыль	10	14 (увеличилась на 40%)

Операционный «рычаг» равен 4.

Третий случай	ф. ст.	ф. ст.
	Текущее положение	+ 10%
Товарооборот	100	110
Переменные расходы	30	33
Маржинальный доход	70	77
Постоянные расходы	60	60
Чистая прибыль	10	17 (увеличилась на 70%)

Операционный «рычаг» равен 7.

Четвертый случай	ф. ст.	ф. ст.
	Текущее положение	+ 10%
Товарооборот	100	110
Переменные расходы	0	0
Маржинальный доход	100	110
Постоянные расходы	90	90
Чистая прибыль	10	20 (увеличилась на 100%)

Операционный «рычаг» равен 10.

HAR и Compusell

У одного из клиентов Салли из Государственного департамента остается к концу финансового года 1 млн. долл. в бюджете ИТ. Он предлагает Салли внести предложения по поставке товаров и услуг на указанную сумму, которые, разумеется, будут ему выгодны.

У Салли и главного бухгалтера есть много планов, большинство из которых предполагает поставку оборудования. Также в планы входит предоставление консалтинговых услуг.

В компании уже есть консультанты, так что при продаже их услуг операционный «рычаг» будет очень большим. В результате Салли принимает решение в пользу консалтинга, потому что доход, полученный в результате его продажи, будет непосредственно включаться в итоговую прибыль.

В структуре расходов *HAR* преобладают постоянные расходы; поэтому руководству компании столь трудно уменьшить расходы при снижении товарооборота. Таким образом, значение операционного «рычага» очень высоко. В качестве защитной меры Энди стремится заменить часть постоянных расходов переменными. Существует множество способов сделать это, в числе прочих — аутсорсинг и новая система оплаты труда. В главе 8 мы увидим, как поступит Энди.

Вопрос на засыпку

Тест 21

Предположим, что операционная прибыль равна 500 тыс. ф. ст., а операционный «рычаг» составляет 6,75. Насколько снизится прибыль, если товарооборот уменьшится на 10%?

Преобразование прибылей и убытков в денежный поток

Зачем это нужно

Как мы уже не раз говорили, бывают случаи, когда компания показывает прибыль и при этом ощущает острую нехватку денежных средств. Причина кроется в том, что в отчете о прибылях и убытках стоимость основных фондов распределена во времени, а денежные выплаты за них должны быть произведены немедленно.

Таким образом, при оценке дальнейших перспектив компании, нужно принимать во внимание как прогнозный отчет о прибылях и убытках, так и ожидаемые денежные потоки.

Как правило, компания составляет сначала прогнозный отчет о прибылях и убытках, а потом преобразует его в прогноз денежных потоков, внося необходимые изменения в сроки платежей. В главе 7 мы подробнее поговорим о денежных потоках.

?–! Достойный ответ

Каплан и Нортон

Роберт Каплан и Дэвид Нортон разработали новый подход к управленческому учету и назвали его сбалансированной системой показателей. По их мнению, сбалансированная система должна использовать показатели в четырех группах.

Клиенты	Какой компания представляется своим клиентам?
Внутренняя эффективность	В чем компания должна превзойти всех остальных?
Финансы	Какой компания представляется своим акционерам?
Инновации	Как компания может развиваться, повышать эффективность и увеличивать свою стоимость?

Сбалансированная система показателей

Мы не можем закончить наш разговор об управленческом учете, не упомянув, что многие компании оценивают себя и свою деятельность всесторонне, а не просто с помощью отдельных показателей. Акционеры также имеют перед глазами цельную картину всего бизнеса и шире смотрят на деятельность организации, чтобы оценить ее долгосрочные перспективы.

Главная идея сбалансированной системы показателей заключается в том, что компания и, соответственно, ее менеджеры, несут ответственность не только за *прибыль*.

Они ответственны также за уровень *клиентского обслуживания*, которое они предлагают. Это относится в равной степени как ко внешним клиентам, т. е. к тем, кто платит деньги за товары или услуги, так и ко внутренним, т. е. когда услуга предоставляется внутри компании, например отделом информационных технологий, — всем остальным отделам.

Перед менеджерами стоит ряд задач по *качеству*, связанных с надежностью, конкурентоспособностью и инновациями.

Наконец, они работают с той или иной формой *экологических* задач. Законодательство выдвигает определенные требования к охране окружающей среды — и все компании должны их выполнять, чтобы внести свой вклад в защиту природы.

Ниже приведены названия четырех главных направлений, по которым приходится работать менеджерам, а под ними — список возможных операционных и стратегических целей для каждого из них.

Прибыль

Подразделение

Продукция

Услуги

Рыночный сектор

Возраст продукции

Закупка/производство

Качество

Стратегические инновации

Разработка новой продукции

Конкурентоспособность

Возвращенный товар

Гарантия

Надежность

Клиентское обслуживание

Даты поставки

Жалобы

Бизнес-процессы

Уровень активности

Время, требуемое для ремонта

Средняя наработка на отказ

Окружающая среда

Используемое сырье

Количество и вид упаковочных материалов

Соответствие законодательным нормам

Потребляемая энергия

Отходы и переработка

Загрязнение окружающей среды

Помните: существует столько разновидностей управленческого учета, сколько и самих компаний. Мы советуем вам время от времени делать шаг назад и задумываться: действительно ли используемая система отчетности — лучшая из возможных? Однако данная книга посвящена финансам, поэтому давайте вернемся к вопросам, связанным с денежными средствами.

ГЛАВА 6

ФИНАНСОВОЕ ПЛАНИРОВАНИЕ

Как грамотно работать с бюджетом

Бюджет – что это такое?

Хорошие менеджеры выполняют работу всегда в срок и всегда в рамках бюджета. Если вы принадлежите к их числу, можете себя поздравить: большинству не удается соблюдать даже это простейшее правило. Так или иначе, давайте поговорим о бюджетировании. Бюджет — это всего-навсего план. Чаще всего он связан с финансовыми вопросами, хотя могут составляться также бюджеты использования материалов, рабочей силы и других ресурсов. Немного позже мы убедимся, что бюджеты, которые уделяют слишком много значения финансовой стороне, намного меньше помогают менеджерам.

В данной главе мы переходим от учета и анализа прошлых результатов к финансовому планированию и прогнозам на будущее. Вместе с тем мы еще не раз обратимся к управленческим отчетам, ведь для точного бюджетирования нужна подробная информация о доходах и расходах. Часто бюджетный цикл компании представляет собой сложный ежегодный ритуал. От отделов и подразделений требуется подробная оценка того, какие доходы они ожидают получить и какие расходы понести в следующем году. Однако столь узкое и привязанное ко времени в*и*дение проблемы может создать серьезные трудности.

Почему из года в год бюджет составляется за три месяца до начала нового финансового года? Этот вопрос особенно уместен, если вы работаете в стремительно развивающейся отрасли, где часто происходят изменения, а жизненный цикл продукции, как правило, короткий. Сейчас мы поговорим о том, как происходит этот ежегодный ритуал, но перед этим давайте затронем один логичный в этой связи вопрос — общую стратегию.

Достойный ответ

Как выжить в бюджетной битве

Менеджеры часто воспринимают свое участие в бюджетном процессе как битву. Мы намеренно используем это слово, потому что тактика участников определяется скорее законами джунглей, а не экономическими правилами хорошего менеджмента. Перед менеджерами стоит задача: составить прогноз на следующий год. При этом они знают, что ответственность за несоответствие бюджета действительности придется нести им. Вполне естественно, они не хотят, чтобы начальство думало, что сейчас они стали хуже выполнять свою работу, чем раньше.

У тех же, кто утверждает бюджет, тоже есть начальник, и они оглядываются на его мнение. Поэтому все хотят видеть бюджет, в котором доходы значительно превышают расходы.

Что можно сделать в таком случае?

- «Раздуть» бюджет на 10%, чтобы после долгих переговоров ваш начальник сократил его до нужного вам уровня. Здесь все довольны: вы — потому, что получили бюджет, который хотели с самого начала, а начальник — потому, что он может отчитаться перед вышестоящими лицами о выигранном сражении.
- Если в бюджете есть статья, которая присутствует там по традиции, но сейчас вам не нужна, помалкивайте об этом. У вас таким образом появятся средства, которые вы сможете вложить

туда, куда действительно будет нужно. В разгар битвы это сделать намного проще, чем убеждать ваших начальников, что на самом деле эти средства требуются для совершенно других целей.

- «Пан или пропал». Особенно яростные битвы разворачиваются на уровне правительственных учреждений. Если вам не удается потратить часть средств, предусмотренных бюджетом в этом году, то в следующем бюджет будет сокращен на соответствующую сумму. Служащие расходуют много энергии на то, чтобы добиться поставки, с одной стороны, и провести платежку через платежную систему компании в последнюю неделю года — с другой.
- Если вы отложили составление бюджета на последний момент: возьмите бюджет за прошлый год, сделайте поправку на инфляцию, добавьте еще 10%, которые ваш начальник снимет (см. выше) и составьте как можно более неопределенное описание каждой статьи. Возможно, так вы выкрутитесь и достигнете поставленных целей.

Все эти советы не имеют никакого отношения к успешной деятельности компании, однако они предлагают разумные методы выживания. Если ваш начальник начнет ворчать, скажите ему, что жизнь — отнюдь не простая штука.

Compusell

Раз в год Салли выбирает время, чтобы пересмотреть стратегию своей команды и составить набросок, который она потом превращает в подробный бюджет, как того требует бюджетная система компании.

При составлении бюджета Салли исходит в первую очередь из того, каким рынкам продукции она и ее команда собираются уделить наибольшее внимание в обозримом будущем — скажем, в ближайшие два года. Обратите внимание: она исходит из того, что продукцией можно считать только то, для чего есть соответствующий рынок; кроме того, по ее мнению, тот или иной рынок не представляет для компании интереса, если в ее планы не входит реализация на нем своей продукции.

Салли составляет матрицу рынков продукции, в которой товары и услуги отображены вертикально слева, а рынки — горизонтально справа. Команда может проанализировать каждую ячейку матрицы, определить текущий приоритет — низкий, средний или высокий, — а также обсудить и расставить приоритеты на протяжении данного периода времени. Затем можно оценить поток прибыли для каждого рынка продукции.

У Салли и ее команды очень логичный подход к расходам: они используют не подробные формы, а простой список:

- вложения (материалы, информация и услуги);
- производственные помещения;
- оборудование;
- рабочая сила;
- денежные средства (стоимость распоряжения средствами компании).

Вычитая расходы из доходов, Салли получает приблизительное представление о будущей прибыли. Возможно, теперь она захочет пересмотреть приоритеты, расставленные по каждому рынку продукции.

Таким образом, компания получает приблизительную стоимость бюджета, которая отражает стратегию рынков. Это значительно лучшая отправная точка для бюджетирования, чем данные за прошлый год. Теперь Салли и ее команде нужно дополнить ее более подробными данными.

На этом этапе часто возникают трения между финансистами и менеджерами компании. Финансисты никак не поймут, в чем проблема: «Давайте возьмем бюджет за прошлый год, который представляет собой всего лишь набор цифровых показателей, и спроецируем его на следующий год». Однако, как показывает пример Салли и ее компании, изменение стратегии может существенно повлиять на саму структуру бюджета. Предположим, новая стратегия связана с созданием виртуальных команд. Старый бюджет не предусматривает на это средств. В нем ресурсы распределялись только по функциям и приоритетам. Если Салли не обсудит этот вопрос с финансистами, у них будет два разных видения бюджета — и Салли придется самостоятельно производить все расчеты, чтобы оценить эффективность работы виртуальных групп. Поэтому Салли хочет составить бюджет «с чистого листа».

Бюджет должен выполнять три функции:

- быть подспорьем в процессе планирования;
- помогать координировать действия различных отделов и подразделений компании;
- предоставлять компании инструменты контроля над операциями.

В дополнение к этому, бюджетный стиль должен побуждать руководство компании пристально изучать текущие операции, чтобы получить в результате жизнеспособный бюджет.

Как составляется бюджет компании

Отправной точкой всегда служит бюджет продаж. Именно он определяет требуемое количество материалов и рабочей силы, бюджет производства и использования оборудования. С помощью бюджета продаж мы можем установить затраты, а значит, и прибыль.

При составлении бюджета продаж нужно учесть три главных фактора.

- Каков наш прошлый опыт? Какие тенденции могут нам помочь предсказать объем продаж в этом году?
- Каково теперешнее положение на рынке? Что начальник отдела продаж и торговый персонал говорят о перспективах?
- Какие объемы продаж требуются для достижения того уровня прибыли, который задал совет директоров?

HAR Plc

В бюджетировании Энди выделяет краткосрочный (ближайшие шесть месяцев) и долгосрочный периоды. Исходя из оценки денежных потоков он видит, что в обоих случаях ему потребуется внешний источник финансирования. Энди необходимо убедить банкиров не только не требовать выплаты краткосрочной задолженности, но и предоставить в кредит дополнительные ресурсы. Он знает, что отправной точкой для него должен служить ряд правдоподобных и исполнимых бюджетов. Вы легко привлечете заемный капитал, если кредитор уверен, что в будущем вы сможете вернуть его с процентами. И Энди крайне нужно такое доверие. Начинает он с прогноза продаж на ближайшие шесть месяцев и просит подчиненных быть как можно реалистичнее в своих оценках. Он убеждает их не приводить те цифры, которые, по их мнению, хотят увидеть и он, и кредиторы, а быть максимально честным.

Энди просит сотрудников разделить перспективы компании на четыре категории:

- категория А — уже существующие заказы;
- категория В — заказы, о которых уже существует договоренность с клиентом, но контракт по которым еще не подписан. Вероятно, в трех случаях из четырех компания получит заказ;
- категория С — хорошие перспективы, которые приблизительно в половине случаев должны стать реальными заказами;
- категория D — перспективы, которым нужно время, чтобы стать заказами. Возможно, это произойдет в одном случае из четырех.

Затем Энди суммирует 100% категории А, 75% — категории В, 50% — категории С, 25% — категории D и получает оптимальный прогноз. И хотя он не может точно знать, откуда именно поступит данный доход, он достаточно точно предсказывает его объем. Достаточно трех месяцев практики, чтобы менеджеры набрались опыта и более или менее точно прогнозировали будущий товарооборот. Тогда банк начинает верить, что компания *HAR* способна реализовать свой бюджет продаж. Возможно, ей пока еще не удастся вернуть рентабельность на прежний уровень, однако сейчас это не главное.

Любой бюджет, составленный на основе этих факторов, необходимо проверить на осуществимость в плане производственных мощностей, имеющейся в наличии рабочей силы и других условий успешной поставки товаров и услуг.

Бюджеты не всегда отражают мнение руководства по поводу того, что произойдет в будущем. Менеджеры часто используют их как средство мотивации персонала, чтобы добиться большей производительности. В этом случае бюджет будет составлен из показателей на порядок выше предполагаемых результатов, а персонал будет эффективнее работать, стремясь выполнить его.

Вопрос на засыпку

Тест 22

Если в качестве поощрения за увеличение объемов продаж вы даете премии, правомерно ли определить размер максимальной премии, которую может получить сотрудник?

Опасность здесь кроется в том, что, если планка в бюджете поднята слишком высоко, можно получить обратный эффект: люди сочтут задачу невыполнимой — и у них опустятся руки. Помните, что бюджет — это хорошая возможность для высшего руководства сообщить персоналу некоторые факты из жизни компании. Мы ясно видели это на примере *Compusell*. Бюджеты же с низкой планкой приводят к тому, что люди расслабляются, а эта инертность, что самое неприятное, распространяется и на последующие бюджеты.

Чтобы выйти из затруднительного положения, руководство может время от времени составлять два бюджета: «публичный» для персонала и свой собственный, в котором отражаются действительные ожидаемые результаты.

На основе бюджета продаж можно составить:

- бюджет производства, который включает бюджет прямых расходов на материалы, бюджет прямых расходов на оплату труда и бюджет производственных накладных расходов;
- бюджет управленческих расходов;
- бюджет расходов на реализацию и распространение;
- бюджет капитальных расходов.

Compusell Inc.

На заре эпохи персональных компьютеров, подразделение *Compusell*, которое как раз ими и занималось, осознало горькую правду. Если оно не последует за рыночными тенденциями и не снизит цены на продукцию, объемы продаж упадут, причем стремительно. Если не удастся повысить товарооборот на 25%, а это достаточно много, принимая во внимание конкурентную цену, не покроются даже производственные расходы. Единственным выходом из создавшегося положения представлялось удвоить и объемы продаж, и объемы производства.

Менеджеры оформили это в виде бюджета. По сравнению с прошлым годом перед торговым персоналом стояли на 100% более высокие задачи. Можете представить себе реакцию людей. Однако маркетологи и финансисты компании хорошо знали свое дело. На рынке образовалась возможность именно такого роста, торговый персонал добился поставленной перед ним цели, и *Compusell* сохранила свои позиции на рынке персональных компьютеров.

Все начинается с того, что объем продаж возрастает и возникает необходимость в новом бюджете, составленном на основе уже существующего. В результате менеджеры получают возможность составить прогнозный отчет о движении денежных средств, прогнозный отчет о прибылях и убытках, а также прогнозный баланс.

Как правило, прогнозный отчет о прибылях и убытках формируется на год и анализируется по кварталам или месяцам. Некоторые компании постоянно обновляют его, чтобы всегда иметь план на ближайшие 12 месяцев. Это случай так называемого «скользящего» прогноза. Однако чаще прогнозный отчет о прибылях и убытках составляется на весь предстоящий финансовый год.

Прогнозный отчет о движении денежных средств важно составлять ежемесячно, чтобы менеджеры могли регулярно следить за его выполнением. Совсем другое дело — бюджет капитальных расходов. В нем нужно учитывать денежные потоки на протяжении всего жизненного цикла данного проекта, поэтому он может растянуться на многие годы. В бюджете капитальных расходов не принято задавать точные временные рамки движения денежных средств — ведь предсказать их достаточно сложно. Возможно, имеет смысл отслеживать чистые денежные потоки, которые вызваны капитальными расходами. В следующей главе мы поговорим об этом более подробно.

HAR Plc

На стадии, когда речь идет о выживании, Энди изучает прогнозы денежных средств ежедневно, поскольку на их основе он принимает решение, кому и сколько он будет платить. Он также подробно информирует о делах всех своих поставщиков. Они хотят вернуть свои деньги, однако, вероятнее всего, предпочтут получить их позже, чем никогда.

Практические проблемы бюджетирования

Прогнозирование спроса

Чтобы избежать необъективности при прогнозировании спроса, можно использовать уровень активности. Как правило, компании стараются разбить объемы продаж по отдельным товарным линиям или точкам реализации и рассчитывают, что недооцененные и переоцененные результаты уравновесят друг друга в общем бюджете. Более того, подобным образом компании будет легче осуществлять контроль, если впоследствии обнаружится дефицит бюджета.

Compusell Inc.

Торговый персонал и менеджеры по продажам не всегда объективны в своем прогнозе объемов продаж. Некоторые из них приводят завышенные данные. Как правило, это люди, которые стремятся сообщить своим начальникам то, что те, по их мнению, хотят услышать. В задачи руководителя входит выявить эту тенденцию и уменьшить прогнозируемый результат.

В то же время среди торгового персонала есть те, кто постоянно занижает данные в своем прогнозе. Возможно, они хотят показать, насколько трудна выполняемая ими работа. В этом случае руководитель должен увеличить прогнозируемый результат.

Отправной точкой для многих бюджетов служит бюджет продаж, и если он составлен неточно, у компании будут неадекватные производственные планы и большие потенциальные убытки. В *Compusell* решили эту проблему с помощью мониторинга активности в системе управленческого учета, который фиксирует количество выставленных счетов-фактур и сделанных заказов на протяжении отчетного периода. Это тот случай, когда система действительно помогает сгладить неточность таких субъективных данных, как прогнозы продаж.

Для прогнозирования спроса можно использовать и статистические приемы, однако надежнее ли и точнее они повседневного опыта и интуиции руководителя — спорный вопрос. В конечном счете, может получиться так, что вы будете рассчитывать общий объем продаж по случайным факторам. Вот пример из *HAR*.

HAR Plc

Менеджер отдела продаж в *HAR* испытывает трудности с ежеквартальными прогнозами. Он отвечает за десять крупнейших торговых балансов *HAR,* доля которых в общих доходах от продаж составляет около 45%.

Один из его клиентов предсказывает увеличение штата на 50 человек, которые теоретически могут быть подобраны и предложены *HAR*. Они договорились об условиях, которые гарантируют *HAR* отсутствие конкуренции на ближайший год, однако временные сроки все еще не ясны. Если все будет хорошо, расширение штата произойдет в этом квартале, однако задержка может перенести его полностью или частично на следующий или даже через один квартал. Менеджер по продажам, основываясь на своем опыте и беседе с клиентом, уверен в том, что проект будет реализован на 50% в этом квартале, поэтому в прогноз он записывает подбор 25 сотрудников.

Еще один клиент хочет нанять на работу дополнительно 40 сотрудников. Он пользуется услугами целого ряда агентств и приглашает *HAR* и другие кадровые фирмы принять участие в тендере. Менеджер по продажам понимает: *HAR* не удастся заполучить все 40 заказов, и считает, что 25% будет разумным прогнозом. Таким образом, он записывает в прогноз 10 человек.

Именно так и составляется прогноз на квартал. Возможно, ни одна из цифр, указанных в нем, не окажется на 100% верной, однако если постараться оценить вероятность того или иного заказа, в целом ваш прогноз будет достаточно точным.

Чтобы решить проблему неточного прогноза продаж, компании часто составляют несколько прогнозов, основанных на самых вероятных, оптимистичных или пессимистичных оценках будущего спроса. Таким образом, они знают, что произойдет с прибылью, если объем продаж будет ниже желаемого уровня. Альтернативный вариант — анализ чувствительности, который призван определить, как изменение спроса повлияет на прибыль. Мы поговорим об этих двух методах при обсуждении оценки инвестиционного проекта.

Прогнозирование производственных расходов

Эта задача проще, чем прогнозирование объемов продаж, поскольку компании известно соотношение объемов производства и требуемых для него материалов и труда.

Достаточно сложно предсказать темпы инфляции, однако для годового бюджета это не играет большой роли. Инфляция по-настоящему важна только при оценке долгосрочных инвестиционных проектов.

Итак, было бы разумно предложить служащим придерживаться каждого пункта бюджета в отдельности, а не стремиться к общему результату. Вопрос в том, как установить нужный уровень «детализации».

Профицит

Бюджеты расходов часто составляются на основе данных за истекший год. Последствия этого могут быть двоякими. Во-первых, иногда не нужно повторять все прошлогодние расходы, в частности те, которые носили единовременный характер. Так в бюджете появляется профицит. Мы уже говорили о том, что менеджер может использовать его в своих интересах. Во-вторых, зная, что бюджет следующего года будет строиться на основе произведенных расходов в текущем году, менеджер старается израсходовать все выделенные ему средства, даже если в этом нет необходимости. Если же посмотреть на проблему с другой стороны, профицит делает третью задачу бюджетов — контроль над бизнесом — трудновыполнимой. Выход — требовать от менеджеров составление бюджета с подробным обоснованием по каждому пункту.

?-! Достойный ответ

Как прибыльно погубить бизнес

В крупной сети отелей у одного менеджера была громкая репутация человека, который восстанавливает прибыльность гостиниц, находящихся в плохом состоянии. Он переезжал из отеля в отель — и каждый раз повторялось одно и то же: он возвращал прибыль на прежний уровень, считал свою задачу выполненной и двигался дальше, а вот следующему менеджеру приходилось напрягаться изо всех сил, чтобы сохранить достигнутый результат.

Что же делал первый менеджер? Он сокращал абсолютно все расходы на ремонт и обслуживание задания. Поломанные стулья он велел сносить на чердак, а облупленную краску закрывать ковром. Пока он был управляющим, это работало, но его преемник был вынужден оплачивать ремонт, который нужно было давным-давно уже сделать.

Мотивация

Персонал часто видит в бюджетах скрытую угрозу: ведь они исходят от руководства. Даже если на начальном этапе к составлению бюджета привлекают его будущих исполнителей, окончательный вариант редко напоминает первоначальный проект.

HAR Plc

Сделав хотя бы часть постоянных расходов переменными, вы значительно снизите степень риска. Энди использует этот прием как еще один способ повысить эффективность. В настоящее время в компании используется система оплаты труда по результатам: торговый персонал получает 30 тыс. ф. ст. в год по фиксированной ставке, а также 10% от продаж. Энди предлагает уменьшить заработную плату и увеличить премии. Поощрительные выплаты по результатам труда станут больше, иначе персонал просто не примет новую систему оплаты, однако прибыль компании пострадает меньше, если бюджет выполнен не будет.

Энди сделал часть заработной платы персонала переменными расходами. Это хороший пример операционного «рычага», который мы рассмотрели в главе 5.

Вне всякого сомнения, деятельное участие в планировании и бюджетном процессе приводит к большей отдаче исполнителей бюджета и к повышению эффективности. К сожалению, это еще одна область, проблемы в которой грозят компании утерей позиций на конкурентном рынке. Истина заключается в том, что если дела в компании идут хорошо, руководят ею бизнес-менеджеры, которые замечают новые возможности, как только они появляются на горизонте. Если результаты не оправдывают ожиданий, бразды правления сосредоточиваются в руках финансистов. Это не очень хорошо для бизнеса, потому что их главным приоритетом будет выживание и санация в краткосрочном периоде.

Испытайте свои силы

Насколько серьезно вы относитесь к бюджетной системе компании? Стоит ли пройти через процесс стратегического планирования и выработать настоящий общий бюджет, прежде чем перейти к стандартному бюджетному циклу?

ГЛАВА 7

ПРИБЫЛЬ И ДЕНЕЖНЫЕ ПОТОКИ

Введение

Рассмотрев отчеты о прибылях и убытках, годовой отчет, ряд управленческих отчетов, вы научились не только читать, но и интерпретировать их. От финансового учета прошлых результатов мы перешли к использованию управленческого учета в интересах принятия решений, касающихся будущего компании. Теперь следует подробнее поговорить о будущем, в частности о том, как превратить позитивный прогноз в убедительное экономическое обоснование, благодаря которому руководство компании выберет именно ваш проект. В прошлой главе говорилось, что хорошие менеджеры всегда выполняют свою задачу вовремя и в рамках бюджета. Также они всегда отдают себе отчет в том, что принесет им каждое принятое ими решение.

Compusell Inc.

Салли обсуждает с одним из своих торговых менеджеров вопрос о найме еще одного служащего. Торговый менеджер хочет получить дополнительные ресурсы: он утверждает, что с их помощью ему удастся повысить доходы всего подразделения.

Салли согласилась бы выделить средства на нового служащего, однако прежде ее нужно убедить, что часть и так скудных ресурсов компании будет вложена в самую прибыльную область. Первый вопрос Салли очень прост: «Увеличатся ли объемы продаж, если мы наймем на работу еще одного торгового служащего?» — «Разумеется, да». А вот на второй ее вопрос ответить намного сложнее: «Насколько?»
Давайте проследим за ходом мыслей торгового менеджера. Он знает, что если назовет большую сумму, скажем, 5 млн. долл., Салли может отнестись к его словам скептически. Не исключено, что такой прогноз произведет на нее достаточно сильное впечатление, чтобы выделить ресурсы — но какой ценой! Разумеется, она превратит его в управленческую задачу, и торговому менеджеру придется повысить объем продаж на 5 млн. долл. или на сумму, которая учитывает, что новому служащему потребуется какое-то время, прежде чем он сможет работать в полную силу. Если же торговый менеджер будет осторожен в своей оценке и скажет, например: «Я думаю, мы должны учитывать, что новому служащему потребуется время, чтобы привыкнуть к новой работе, поэтому за первый год мы можем ожидать увеличение объемов продаж на 100 тыс. долл.», — то могут найтись другие менеджеры, которые пообещают Салли более заманчивый результат, и, разумеется, она выделит средства им. Таким образом, торговому менеджеру нужно выбрать нечто среднее между этими двумя вариантами. Он хочет быть успешным и хочет, чтобы его считали успешным. Это означает, что он предпочтет указать 900 тыс. долл. и по итогам года выйти на 950 тыс. долл., нежели установить планку на отметке 1 млн. долл. и выдать на-гора все те же 950 тыс. долл. В первом случае у него будет успех, а во втором — неудача. Именно в таком направлении и движутся его мысли. Он постарается согласовать с Салли сумму, которой, по его убеждению, ему удастся добиться наверняка и которая будет достаточно привлекательной, чтобы ему были выделены необходимые ресурсы для найма еще одного сотрудника.

Как правило, этот вопрос раскрывается в книгах, подобной этой, с финансовой точки зрения. Однако не нужно забывать, что большинство решений в бизнесе принимаются опытными людьми на основании их оценки последствий, которые повлечет за собой выбранный проект для компании. Финансы — это прекрасный инструмент для принятия решений, но не нужно их ошибочно принимать за само решение.

Возможно, приведенный выше пример покажется вам немного циничным или нелогичным, однако в реальной жизни подобная тактика (при условии что менеджер имеет соответствующий уровень квалификации) часто позволяет добиться желаемого. Опытному менеджеру не составит особого труда провести необходимые расчеты и с их помощью обосновать названную им цифру. В конце концов, как мы убедились в главе, посвященной бюджетированию, это входит в число его прямых обязанностей. Пример с *Compusell* показывает, как задаются параметры для принятия решения, как происходит обсуждение и принимается решение. Менеджеры среднего звена вырабатывают идеи, оценивают выгоды от их внедрения и убеждают свое непосредственное начальство в их целесообразности. Большинство менеджеров стараются быть осторожными в своих оценках и давать реальные цифры ожидаемой прибыли; но есть и такие, которые, стремясь во что бы то ни стало получить «добро» босса на реализацию своего проекта, называют огромные, но при этом практически недостижимые на практике цифры. Учитывая то, что в организации трудятся как оптимисты, так и пессимисты, нам нужна методика с помощью которой можно было бы трезво и беспристрастно оценивать все проекты. Такая методика есть, и называется она оценкой инвестиций. Именно о ней и пойдет речь в этой главе.

Оценка инвестиций

Интересно отметить: если вы работаете руководителем, вам наверняка кажется, что всякий раз, когда кто-то из ваших подчиненных хочет поговорить с вами (в отличие от тех случаев, когда инициатором разговора выступаете вы), он намеревается попросить у вас дополнительные средства.

Хорошим подспорьем для нас будет общая схема оценки инвестиций. Она даст ответ на вопрос, что хочет видеть руководство, и поможет проследить, чтобы новые проекты соответствовали общей стратегии компании. Однако стратегическая идея — это только первый шаг, за которым должны последовать:

1) определение расчетного периода;
2) оценка выгод;
3) оценка затрат;
4) анализ финансовых рисков в контексте выгод и затрат;
5) составление прогнозного отчета о прибылях и убытках;

6) составление прогнозного отчета о движении денежных средств;
7) сравнительный анализ имеющихся проектов и их рисков, а также эталонное тестирование.

Теперь подробнее остановимся на каждом пункте этого плана и посмотрим, как компании принимают инвестиционное решение.

HAR Plc

К Энди приходят многие сотрудники и предлагают идеи, которые могли бы улучшить положение дел в *HAR*. Некоторые идеи очень интересны для Энди — и он был бы рад воплотить их в жизнь, если бы они не требовали средств, которых на данный момент у компании в обрез. «Если бы мы открыли представительство в Ньюкасле, я бы направил туда двух моих главных торговых менеджеров и они наверняка прекрасно бы развернулись там. Я думаю, что так мы бы увеличили объем продаж на 500 тыс. ф. ст.».

«Знаете, мы могли бы сэкономить электроэнергию, заменив старый бойлер на один из современных нагревателей, которые расходуют мало энергии. Они недорогие и, кроме того, не загрязняют окружающую среду».

«Как вам известно, Том подал заявление об увольнении. Я разговаривал с ним и думаю, что мне удастся убедить его изменить свое решение, если мы повысим ему зарплату на 20%».

Энди нравятся эти идеи, однако он знает, что между ними нет согласованности и последовательности. Необходимость как-то оценивать их заставляет его задуматься над «идеальным» инвестиционным проектом. В результате Энди вырабатывает, по его словам, «общую схему». Например, он решает не вкладывать средства в проект, который не увеличит денежные потоки на протяжении ближайших 12 месяцев. Было бы прекрасно, если бы все расходы и капиталовложения подчинялись этому правилу. В конечном счете, он останавливается на 4-5 критериях, которые он будет использовать для оценки всех идей и проектов.

Определение расчетного периода

В большинстве инвестиционных проектов присутствуют капитальные затраты (это, главным образом, расходы на основные средства) и текущие затраты (оплата труда и другие производственные затраты). Все основные средства имеют определенный срок амортизации, который, по расчетам финансистов, соответствует периоду их полезного использования. Срок амортизации часто используется в качестве расчетного периода при оценке жизнеспособности инвестиционного проекта.

Compusell Inc.

Финансовый отдел *Compusell* принял ряд норм по продолжительности расчетного периода, который используется при обосновании необходимости приобретения основных средств. В соответствии с этими нормами максимальный срок полезности транспортного средства для компании составляет 3 года. Установкам и оборудованию отводится намного больше времени — от 5 до 10 лет в зависимости от того, с какой скоростью развиваются технологии в данной области. Там, где покупка в значительной мере касается программного обеспечения, период полезного использования будет короче. С компьютерным оборудованием дело обстоит сложнее. Те, кто специализируется на закупках компьютерных технологий, прекрасно понимают, что не пройдет и полугода, как на рынке появится усовершенствованная версия только что приобретенного продукта.

Бухгалтеры *Compusell* определяют срок полезного использования компьютерного оборудования — 3 года, если оно предназначено для внутренних нужд, и только в 18 месяцев, если оно задействовано в предоставлении услуг клиентам.

Еще один фактор, который нужно учитывать на данном этапе — это продолжительность реализации инвестиционного проекта. Было бы крайне неразумно оценивать проект, например, по строительству туннеля между Англией и Францией, не принимая во внимание тот фактор, что строительные работы займут более 10 лет. Таким образом, срок полезного использования финансовых средств, задействованных в нем, вполне может превысить 50 лет.

HAR Plc

Энди стоит перед проблемой выбора. Можно уменьшить размеры компании, использовать только собственный капитал и примириться с тем, что через полтора года недавние объемы продаж сократятся в несколько раз; либо же можно привлечь заемный капитал. Дополнительные средства позволят обеспечить текущую деятельность, сделать ее прибыльной, а также принять долгосрочную стратегию роста путем расширения. В конце концов, ни одно кадровое агентство не застраховано от подобного спада активности. Теперешние объемы продаж намного ниже тех, которые были в период подъема. А это значит, что если у *HAR* будет достаточно средств, то можно будет купить какое-нибудь агентство по привлекательной цене. Энди уже сэкономил достаточно средств, чтобы предложить проект расширения и посмотреть, заинтересует ли он кого-то, кто будет готов предоставить средства для его реализации. Энди считает, что еще 12 месяцев медленного роста, а потом два года хорошего роста — это достаточно неплохая перспектива для *HAR*. И он определяет расчетный период для своего проекта — 3 года.

Во всяком случае продолжительность расчетного периода для оценки инвестиционного проекта должна быть просто в рамках разумного. Она должна отражать реальный жизненный цикл проекта, а также учитывать дополнительные инвестиции, к которым, возможно, придется прибегнуть уже непосредственно в ходе осуществления проекта.

Оценка выгод

Данный этап оценки инвестиций представляется едва ли не самым сложным. Как мы уже знаем, обоснования менеджеров, почему именно им руководство должно выделить средства, часто бывают необъективными. Для оценки эффективности и анализа рисков, о которых мы поговорим позднее, целесообразно разбить возможные выгоды на четыре категории:

- увеличение доходов;
- сокращение расходов;
- предотвращение будущих расходов;
- повышение эффективности контроля.

Давайте остановимся подробнее на каждой категории отдельно.

Увеличение доходов

Верхнюю строчку в любом отчете о прибылях и убытках занимают продажи (как внешним, так и внутренним клиентам). Первейшее обоснование любой предлагаемой инвестиции — это увеличение выручки от реализации, к которому она приведет.

HAR Plc

Энди, будучи опытным руководителем, знает, сколько один кадровый агент может заработать для компании в год. Он располагает также качественной информацией об общем уровне рентабельности в своей отрасли. В прошлом году, который можно назвать удачным, реализация на сотрудника составляла более 266 тыс. ф. ст., а прибыль на сотрудника — почти 40 тыс. ф. ст. Последняя цифра основана на 15-процентной рентабельности, и, по мнению Энди, она может служить эталоном хорошего, но не выдающегося года. Изучая возможность приобретения какой-нибудь компании, Энди полагает, что подобных результатов еще можно будет добиться, когда у кадровых агентств наступят снова нормальные, а потом, можно надеяться, и лучшие времена. Теперь его задача — оценить увеличение доходов и прибыли в результате инвестиционного проекта (т. е. приобретения) в установленных им временных рамках.

В большинстве случаев при оценке потенциальных доходов необходимо составить не один прогноз, а несколько, чаще всего три:

- пессимистичный — минимальный из прогнозируемых вами возможных результатов;
- наиболее вероятный — ваше представление о том, как сложатся обстоятельства на самом деле;
- оптимистичный — максимальный (но вместе с тем вполне осуществимый) из возможных результатов.

Сокращение расходов

При оценке эффективности инвестиционного проекта этот пункт играет большую роль. Финансисты часто придерживаются мнения, что сокращение расходов — это самая ощутимая выгода из всех существующих. Нужно, однако, проверить, что расходы, заявленные к сокращению, действительно имеют отношение к данному проекту.

Главная задача, которая стоит перед менеджером, желающим получить одобрение для своего инвестиционного проекта, — найти достаточно выгод, чтобы обосновать затраты. Помните, что руководитель, который стремится к минимизации бюджета расходов, одобрит любое сокращение расходов. Как мы уже видели на примере повышения объемов продаж, многие менеджеры с осторожностью относятся к утверждениям, что они могут обойтись и меньшим бюджетом. В конечном счете, инвестиционный проект считается хорошо подготовленным, когда сокращение расходов, к которым он приводит, превышает вложенные в него средства. Мы увидели также, что цифры, полученные путем расчетов, — это лишь ориентировочные показатели, которые можно изменить. Даже небольшой процент сэкономленных средств в большой сумме капиталовложений может оказаться решающим. Вспомните Энди и его 2%.

?-! Достойный ответ

Внутренняя продажа информационно-технологических услуг

Начальник отдела информационных технологий нефтяной компании *OCC Plc* работает над экономическим обоснованием проекта, предполагающего закупку оборудования и проведение определенных мероприятий, что позволит его отделу предоставлять новый вид услуг для своих клиентов, как внешних, так и внутренних. Всех потенциальных клиентов он разбивает на четыре группы в зависимости от вероятности размещения ими заказа на новую услугу. Затем он оценивает вероятный уровень доходов от сотрудничества с клиентами в течение последующих трех лет с поправкой на то, что на само налаживание сотрудничества может уйти какое-то время.

	Потенциальный клиент	**Год 1**	**Года 2 и 3**
Вероятность 1	*Interohm* (внешний)	112,5	150
	Large Gty Bank (внешний)	162	324
	Технический отдел	90	120
	Научно-исследовательский отдел	64,8	86,4
	Конструкторское подразделение	36	48
	Химическое подразделение	0	86,4
Всего вероятность 1		465,3	814,8
Вероятность 2	*Ranters* (внешний)	112,5	150
	Финансовый отдел	64,8	86,4
	Подразделение минералов	24	48
Всего вероятность 2		201,3	284,4
Вероятность 3	Подразделение нефти	90	120
	GDP	36	48
Всего вероятность 3		126	168
Вероятность 0	Подразделение очищающих средств	36	48

На основе этих прогнозных данных можно рассчитать три возможных потока денежных средств. Составляя прогнозный отчет о прибылях и убытках, начальник отдела информационных технологий рассматривает три варианта развития событий. При пессимистичном прогнозе только клиенты категории «Вероятность I» сделают заказы. В наиболее вероятном случае нужно добавить заказы от клиентов второй категории, а при оптимистичной оценке заказы сделают все клиенты.

Год	1	2	3
Пессимистичный прогноз (вероятность 1)	465,3	814,8	814,8
Наиболее вероятный прогноз (вероятность 1 + 2)	666,6	1099,2	1099,2
Оптимистичный прогноз (вероятность 1 + 2 + 3)	792,6	1267,2	1267,2

?–! Достойный ответ

Новая технология экономит пространство

Менеджер по телекоммуникациям работает над экономическим обоснованием проекта, предполагающего приобретение нового телефонного коммутатора. Он знает, что новый коммутатор занимает гораздо меньше места, чем действующий: если для старого требуется площадь в 225 квадратных метров, то для нового — вдвое меньше. Аренда помещения, в котором он расположен, очень дорогая — 300 ф. ст. за кв. м. Менеджер намерен заявить, что покупка нового коммутатора сэкономит компании половину арендой платы — и цифра 33 750 ф. ст. в год, несомненно, производит впечатление. К сожалению, арендная плата относится к разряду неизбежных расходов, никак не связанных с данным проектом. Если только компании не удастся сдать в поднаем освободившуюся площадь, а это маловероятно при данных обстоятельствах, или если срок аренды не подойдет к концу и компания не найдет другого помещения, менеджер не сможет заявить о сокращении расходов в связи с данным проектом.

Предотвращение будущих расходов

Предотвращение будущих расходов — как концепция — не многим отличается от прямого сокращения расходов. В данном случае речь идет о расходах, которые понесла бы компания в случае отказа от реализации проекта. Опять-таки, нужно убедиться, что расходы, которых, по словам составителя проекта, удастся избежать, реальны.

HAR Plc

В процессе подготовки инвестиционного проекта Энди отмечает, что расширение позволит избежать расходов, связанных с оплатой труда лишнего персонала. Он знает, что единственный способ, кроме расширения, вернуть компанию на прежний уровень рентабельности заключается в сокращении штатов. Однако в таком случае компания понесет существенные расходы в краткосрочном периоде — и по денежным потокам будет нанесен ощутимый удар.

Повышение эффективности контроля

Усовершенствование производственных процессов, как правило, носит постоянный характер. Если компания вносит в стратегический план какие-либо изменения, вызванные, например, появлением новых технологий, ей наверняка придется изменить и некоторые производственные процессы. Это влечет за собой капитальные и текущие затраты, обоснование которых часто сводится к улучшению управленческого контроля над деятельностью компании. Возможно, такое объяснение вполне устраивает менеджеров, однако ему не хватает конкретности с точки зрения финансистов, которые хотят знать, какое положительное влияние будет оказано в конечном счете на денежные потоки.

Возможно, повышение эффективности контроля сложно измерить, но если этого не сделать, финансисты никогда не дадут согласие на реализацию проекта.

Compusell Inc.

Несмотря на растущий товарооборот, в прошлом году прибыль *Compusell* уменьшилась. Причина кроется в давлении на валовую маржу, оказываемом конкурентным ценообразованием. В результате генеральный директор, который знает, что в ближайшем будущем ценовое давление не уменьшится, просит менеджеров изучить возможности усовершенствования производственных процессов с целью повышения прибыли.
На данном этапе неплохой идеей представляется оптимизация управления товарно-материальными запасами.

Оценка затрат

Оценить затраты относительно несложно, особенно по сравнению с выгодами. Основные статьи затрат — это расходы на оплату труда, лизинг, амортизацию, обслуживание помещений и закупку расходных материалов. Предполагаемые затраты всегда ст*о*ит заблаговременно согласовывать с поставщиком — это позволит избежать лишних недоразумений и добиться практически 100-процентной точности прогноза. Опять-таки, удостоверьтесь, что расходы напрямую связаны с данным проектом.

Достойный ответ

Значимые расходы

Нужно всегда следить за тем, чтобы расходы, которые учитываются при оценке проекта, имели к нему отношение. Рассмотрим, к примеру, проект установки нового информационно-вычислительного устройства. Его предполагается разместить в одном из кабинетов, занимаемых административным персоналом компании. На данный момент в этом кабинете работают трое служащих, один из которых в скором времени уходит на пенсию, а двум остальным можно подыскать рабочее место в каком-то другом помещении.

Может возникнуть предположение, что на новое информационно-технологическое устройство придется часть общих расходов по оплате аренды в зависимости от площади занимаемого помещения. Это не так. Арендная плата останется прежней, одобрит компания проект или нет. Никакие новые расходы на аренду не появятся, поэтому ее не нужно учитывать при принятии решения.

При оценке инвестиций нужно уделить особое внимание постоянным и переменным расходам, а также проследить, чтобы в анализ были включены только те расходы, которые имеют непосредственное отношение к проекту. Можно проверить себя, проследив, меняются ли расходы вслед за изменением уровня активности.

Не следует включать в обоснование долю существующих постоянных расходов, которая будет приходиться на новый проект. Но если он приводит к увеличению постоянных расходов, этот факт нужно учитывать при оценке.

?–! Достойный ответ

Книжный магазин

В книжном магазине себестоимость реализованных книг находится в строгой пропорциональной зависимости от объемов продаж, а вот расходы на оплату труда, ремонтные работы и т.п. изменяются постепенно. Постоянные затраты являются константой в определенных рамках товарооборота. Например, магазин сможет значительно повысить товарооборот, прежде чем ему потребуется нанять на работу дополнительных служащих.

Анализ финансовых рисков в контексте выгод и затрат

Как мы уже говорили, ни один прогноз не бывает совершенно точным, потому что за время реализации проекта обязательно произойдет что-то непредвиденное, и нужно просто отнестись к этому философски. Поэтому прежде чем перейти к составлению прогнозного отчета о прибылях и убытках, имеет смысл оценить риски, связанные с выгодами и затратами. Риск в контексте выгод — это вероятность того, что достичь запланированных количественных показателей выгод не удастся вообще или удастся, но за время, превышающее расчетный период. А риск в контексте затрат — это вероятность того, что реальные затраты превысят запланированные (либо из-за ошибки в расчетах, либо по причине задержки, которая тоже стоила компании средств). В этой связи мы сначала рассмотрим методы анализа рисков, которые целесообразно применить на данном этапе, а затем поговорим о методе анализа чувствительности и ожидаемой ценности, используемом уже после составления прогнозного отчета о прибылях и убытках, а также прогнозного отчета о движении денежных средств.

Мы уже говорили об одном из методов оценки риска, который подразумевал составление ряда прогнозов: оптимистичного, наиболее вероятного и пессимистичного. Давайте немного усовершенствуем этот прием и воспользуемся так называемой матрицей риска.

Еще один метод анализа рисков заключается в том, чтобы взять два «крайних» сценария и объединить их. Полученный результат можно будет назвать разумным прогнозом. Мы уже приводили пример использования этого метода, когда говорили о том, как Салли составляет бюджет продаж.

Compusell Inc.

Давайте еще раз вернемся к той возможности, которую предлагает управление товарно-материальными запасами. В одной из прошлых глав мы сказали, что оптимизация товарно-материальных запасов, цель которой — стимулирование объемов продаж, позволяет увеличить прибыль на 25 млн. долл. Мы также сказали, что если внедрение новой системы приведет к сокращению товарно-материальных запасов, то потенциальная экономия расходов составит 20 млн. долл. На самом деле мы понимаем, что самым вероятным в данном случае будет некий средний результат. Таким образом, в процессе анализа риска мы может объединить два прогнозируемых результата, разделить их пополам и получить приблизительный итог отчета о прибылях и убытках: (25 млн. долл. / 2) + (20 млн. долл. / 2) = 22,5 млн. долл. Возможно, этой оценке недостает точности, однако ее смело можно использовать при дальнейшем анализе.

?–! Достойный ответ

Матрица риска

Давайте освежим в памяти виды выгод, которые можно извлечь из реализации проекта. Ниже мы приводим пример матрицы риска, в которой используется эта классификация.

	Прогноз		
	пессимистичный	наиболее вероятный	оптимистичный
Сокращение расходов	1	3	6
Избежание будущих расходов	2	5	8
Увеличение доходов или повышение эффективности контроля	4	7	9

В каждую из ячеек матрицы вписываем цифру от 1 до 9 — в соответствии со степенью нашей уверенности в том, что указанной выгоды удастся добиться. В нашей матрице, как видим, цифра «1», характеризующая наименьшую вероятность, соответствует пессимистичному прогнозу и возможности сокращения затрат, а «9» (наибольшая вероятность) — оптимистичному прогнозу и возможности увеличения доходов либо более эффективного контроля.

Предположим, мы уже имеем четкое представление о затратах, сопряженных с реализацией проекта. В этом случае мы можем определить для него степень риска. Для этого необходимо просуммировать количественные показатели тех видов выгод, которым в приведенной матрице соответствуют ячейки с баллами от I до 3. Если полученная сумма превышает сумму затрат, то степень риска для проекта относительно не высока. Если же число, превышающее уровень затрат, выходит только при суммировании восьми или даже девяти слагаемых (по количеству ячеек), существует довольно высокая вероятность того, что данный проект не принесет прибыли.

Не забывайте, что цель анализа рисков заключается не только в том, чтобы выяснить их характер, но и в том, чтобы определить конкретные шаги, которые позволили бы свести риск к минимуму. Если у вас имеются определенные сомнения относительно достижимости выгоды, соответствующей, скажем, ячейке 5, и именно эти сомнения обуславливают разницу между высокой и средней степенью риска, вам, очевидно, следует внести некоторые коррективы в смету по проекту. Также вы можете задействовать дополнительные ресурсы и повысить вероятность того, что в результате реализации проекта выгода, соответствующая этой ячейке, будет получена.

Один из самых простых способов снизить риск недостаточного бюджетирования заключается в том, чтобы распределить непредвиденные расходы между затратами, связанными с началом проекта, и постоянными «доходными» расходами. Многие компании учитывают непредвиденные расходы при оценке инвестиций. В этом случае вам нужно добавить в прогнозный отчет о прибылях и убытках 10% на непредвиденные капитальные расходы и 10% на непредвиденные текущие расходы.

Составление прогнозного отчета о прибылях и убытках

Вернемся к нашему примеру с отделом информационных технологий. Предположим, что руководство компании осторожно относится к чересчур оптимистичным прогнозам, особенно если с их помощью хотят получить одобрение проекта. В этом случае нужно составить два вида прогнозного отчета о прибылях и убытках — наиболее вероятный и пессимистичный. В прогнозном отчете мы будем учитывать амортизацию основных фондов за три года, т. е. за весь жизненный цикл проекта (при этом мы будем использовать тот метод начисления амортизации, который был предписан нам бухгалтерами). Капитальные затраты нужно распределить между тремя годами, однако финансовый отдел согласился, что на конец отчетного периода у оборудования будет остаточная стоимость, которую он определил как 15% от первоначальной стоимости. Амортизация, таким образом, будет равна разделенной на 3 общей стоимости актива за вычетом 15%.

С учетом всего сказанного, получим следующие два прогнозных отчета о прибылях и убытках.

Отчет о прибылях и убытках, основанный на наиболее вероятном прогнозе

	Год 1	Год 2	Год 3
Расходы			
Оплата труда	70,0	70,0	70,0
Техобслуживание	0,0	35,0	35,0
Амортизация	485,0	485,0	486,0
Обслуживание помещения	18,0	18,0	18,0
Электричество	15,0	15,0	15,0
Прочие расходы	43,0	43,0	43,0
Всего	631,0	666,0	667,0
Доход (см. стр. 176)	666,6	1099,2	1099,2
Прибыль	35,6	433,2	432,2
Денежные потоки	520,6	918,2	918,2

Отчет о прибылях и убытках, основанный на пессимистичном прогнозе

	Год 1	Год 2	Год 3
Расходы (без изменений)	631,0	666,0	667,0
Доход (см. стр. 176)	465,3	814,8	814,8
Прибыль	–165,7	148,8	147,8
Денежные потоки	319,3	633,8	633,8

Прогнозный отчет о прибылях и убытках не включает статью непредвиденных расходов. В этом нет необходимости, поскольку уровень риска при прогнозировании будущих доходов намного выше, чем при прогнозировании расходов. Соответственно, основным критерием оценки «жизнеспособности» данного проекта является вероятность того, что он принесет компании желаемые доходы. Обратите внимание, как мы преобразовываем прогноз прибылей и убытков в прогноз движения денежных средств. Единственная разница между ними заключается в амортизации, которую мы прибавляем к итоговой прибыли, чтобы получить денежные потоки. Капиталовложение производится до начала реализации проекта, и мы еще вернемся к нему на последнем этапе оценки инвестиций.

Составление прогнозного отчета о движении денежных средств

Мы уже наблюдали, как компания может одновременно получать прибыль и стремительно приближаться к банкротству из-за недостатка денежных средств. Главная причина здесь кроется в том, что в отчете о прибылях и убытках стоимость основных фондов распределена во времени в виде амортизационных начислений, однако при покупке актива компания должна заплатить за него денежными средствами сразу же. Именно поэтому менеджеры изучают не только прогнозные отчеты о прибылях и убытках, но и прогнозные отчеты о движении денежных средств, а при оценке отдельного проекта учитывают то, как он скажется и на прибыли, и на денежных потоках.

Не забывайте, что наша главная задача заключается в том, чтобы определить, как скажется на деятельности компании внедрение нового проекта. Рассчитав основные показатели деятельности компании при условии осуществления нового проекта и при условии его «неосуществления», менеджер может с высокой долей вероятности принять правильное решение. А вот сравнивать основные показатели до и после реализации решения в корне неверно: различия в цифрах могут быть обусловлены факторами, не имеющими отношения к проекту.

Это подводит нас к более конкретному вопросу: какие денежные потоки имеют отношение к новому инвестиционному проекту? Здесь мы рекомендуем воспользоваться уже знакомым вам принципом — учитывать только те денежные потоки, которые изменятся вследствие реализации нового проекта. Нечто похожее мы уже упоминали в связи с выгодами и расходами.

Как мы это делаем

Как правило, главную трудность в преобразовании отчета о прибылях и убытках в отчет о движении денежных средств представляют сроки и время платежей.

Если компания составляет бюджеты и прогнозные отчеты о движении денежных средств, различий между этими документами будет много. Для удобства мы свели их в таблицу.

Таблица 7.1. Сравнение отчета о прибылях и убытках и отчета о движении денежных средств

Статья	Отчет о прибылях и убытках	Отчет о движении денежных средств
Объем продаж	Включается при заключении сделки	Включается при фактическом поступлении средств на счет
Себестоимость реализованной продукции	Соответствует объемам продаж	Не включается
Закупки	Не включаются	Закупка регистрируется до фактической продажи, а ее оплата – после
Амортизация	Начисляется в соответствии с выбранным методом	Не включается
Основные средства	Не включаются	Включаются при проведении оплаты
Другие расходы и процентные выплаты	Включаются в соответствии с методом начислений, т. е. когда они имели место	Включаются при проведении оплаты

Сравнительный анализ имеющихся проектов и их рисков, а также эталонное тестирование

Прежде чем перейти к самому распространенному методу оценки рентабельности инвестиций — дисконтированию денежных потоков — давайте вкратце рассмотрим другие методы.

Период окупаемости

Период окупаемости выражает промежуток времени от первого денежного поступления до того момента, когда общие поступления от проекта сравняются с суммарными инвестициями в него. Данный показатель никоим образом не используется для оценки рентабельности проекта и ограничивает все расчеты сроками и схемами выплат.

?–! Достойный ответ

Период окупаемости

При рассмотрении нескольких альтернативных проектов, предпочтение отдается проекту с наименьшим периодом окупаемости.

	Проект 1	Проект 2
Стоимость актива	10 000 ф. ст.	15 000 ф. ст.
Чистый денежный поток		
Год 1	2 000	3 000
Год 2	3 000	4 000
Год 3	3 000	6 000
Год 4	4 000	8 000
Год 5	10 000	2 000
Период окупаемости (лет)	3,5	3,25

В этом случае предпочтение будет отдано Проекту 2, несмотря на то что денежный поток по Проекту I в пятом году характеризуется более высоким показателем.

Период окупаемости как метод оценки инвестиций хорош своей быстротой и простотой, однако у него есть два серьезных недостатка:

- он учитывает денежные поступления только в период окупаемости и не принимает во внимание выгоды, которые компания может получить по его завершении;
- он не принимает во внимание сроки, в которые фактически будут получены средства. В результате можно иметь два проекта с одинаковыми затратами и одинаковыми периодами окупаемости, но с разными денежными потоками.

Несмотря на эти недостатки, период окупаемости широко используется даже для оценки сложных проектов, особенно в случаях, когда значительные капиталовложения в инфраструктуру на раннем этапе сменяются продолжительным периодом поступления средств от этих активов. Хороший пример таких компаний — телефонные операторы.

Достойный ответ

Когда периода окупаемости для оценки инвестиций недостаточно

В этом примере у двух проектов одинаковый период окупаемости. Однако очевидно, что (при отсутствии дополнительной информации) следует отдать предпочтение Проекту 2, так как денежные поступления по нему начинаются раньше и у нас появляется возможность получить дополнительную прибыль и реинвестировть ее в другой проект.

	Проект 1	Проект 2
Стоимость актива	10 000 ф. ст.	10 000 ф. ст..
Чистый денежный поток		
Год 1	1 000	3 000
Год 2	3 000	3 000
Год 3	3 000	3 000
Год 4	3 000	1 000
Год 5	4 000	4 000
Период окупаемости (лет)	4 года	4 года

В целом, выбрать инвестиционный проект на основании анализа только лишь периода окупаемости очень сложно.

С помощью анализа периода окупаемости можно свести различные количественные данные к двум или трем главнейшим показателям, поэтому этот метод в целом можно считать эффективным при принятии решений.

Вопрос на засыпку

Тест 23: ***PTV Cable Television Company***

Компания-оператор кабельных сетей планирует выйти на рынок телефонной связи, для чего ее финансисты анализируют прогнозный отчет о движении денежных средств, приведенный в таблице 7.2.

- Когда годовые денежные потоки предприятия станут положительными?
- Когда проект станет безубыточным?

Таблица 7.2. Денежные потоки в сфере телевещания

	Год 1	Год 2	Год 3	Год 4	Год 5	Год 6	Год 7	Год 8	Год 9	Год 10
Денежные потоки (000s)	– 55 610	– 25 283	– 27 308	– 25 635	– 15 466	22 056	34 060	42 716	50 249	58 919
Чистые денежные потоки на данное число	– 55 610	– 80 893	– 108 201	– 133 836	– 149 302	– 127 246	– 93 186	– 50 470	– 221	58 698

Теперь посмотрите, что произойдет, если составить прогноз денежных потоков по телефонной связи (см. табл. 7.3).

Отвечая на те же вопросы, которые мы задавали для телевизионной деятельности компании, мы скажем, что ежегодные денежные потоки примут положительное значение на 6-м году, а точка безубыточности наступит на 8-м году.

Предположим, что эталон, принятый в данной компании, включает следующее требование: ни один инвестиционный проект не должен отсрочивать момент превращения денежных потоков в положительные или точку безубыточности по главному направлению деятельности — кабельному телевидению. В нашем случае проект по предоставлению услуг телефонной связи соответствует этим требованиям.

- Сколько средств потребуется компании на финансирование проекта по телевизионному направлению?
- Сколько средств дополнительно потребуется ей, чтобы заняться телефонной связью?

Таблица 7.3. Денежные потоки в сфере телефонной связи

	Год 1	Год 2	Год 3	Год 4	Год 5	Год 6	Год 7	Год 8	Год 9	Год 10
Общий доход	0	2 312 430	9 078 105	18 208 411	2 895 967	36 607 290	3 9 151 025	41 453 356	43 891 662	46 747 006
Взаиморасчеты с другими операторами	0	1 331 776	5 237 458	10 565 948	16 917 647	21 457 301	22 985 321	24 375 933	25 850 676	27 414 642
Расходы на выставление счетов-фактур	0	188 370	733 466	1 422 455	2 170 951	2 689 880	2 852 903	2 995 548	3 145 325	3 302 592
Административные расходы	0	1 077 492	1 929 373	3 067 009	4 401 236	5 365 280	5 719 148	6 046 479	6 392 680	6 758 845
Всего расходов	0	2 597 638	7 900 297	15 055 413	23 489 934	29 512 460	31 557 372	33 417 960	35 388 682	37 467 079
Денежный поток от операционной деятельности	0	–285 207	1 177 808	3 152 999	5 469 633	7 094 830	7 593 653	8 035 396	8 502 981	8 997 927
Капитальные затраты	0	9 008 514	7 190 271	6 422 786	7 899 653	583 097	0	0	0	0
Денежные потоки (000s)	0	–9 293 721	–6 012 463	–3 269 787	–2 430 020	6 511 733	7 593 653	8 035 396	8 502 981	8 997 927
Чистые денежные потоки на данный момент	0	–9 293 721	–15 306 184	–18 575 972	–21 005 991	–14 494 259	–6 900 606	1 134 790	9 637 771	18 635 698

Рентабельность вложенного капитала

Иногда несколько улучшенным вариантом метода периода окупаемости считается метод рентабельности вложенного капитала, т. е. соотношения среднего ежегодного дохода к вложенному капиталу.

Рентабельность вложенного капитала

Стоимость активов	**10 000 ф. ст.**
Предполагаемая остаточная стоимость	0
Предполагаемая прибыль (до амортизации)	
Год 1	2 000
Год 2	3 000
Год 3	5 000
Год 4	7 000
Год 5	8 000
Всего	25 000
Чистая прибыль за 5 лет	15 000
Средняя годовая прибыль	3 000
Средняя рентабельность вложенного капитала	30% (3 000/10 000)

Некоторые аналитики полагают, что при расчете данного показателя нужно использовать не вложенный капитал (10 тыс. ф. ст.), а среднюю прибыль — 5 тыс. ф. ст. В этом случае рентабельность вложенного капитала в приведенном выше примере будет равна 60%. Можно использовать любой из этих методов при условии, что вы делаете это регулярно и отслеживаете динамику.

Недостаток метода рентабельности вложенного капитала состоит в том, что он не учитывает время получения денежных средств. Таким образом, у компании может оказаться на руках два проекта с одинаковой рентабельностью вложенного капитала, однако один из них стартует немедленно, а второй — спустя два года подготовительной работы.

Дисконтирование денежных потоков

Вывод напрашивается сам собой: нужен такой метод оценки инвестиций, который учитывал бы и объемы денежных потоков, и время их поступления. Это и есть метод дисконтирования денежных потоков.

?–! Достойный ответ

Когда вы хотите получить деньги?

Предположим, мы предлагаем вам 1 тыс. долл. Когда бы вы хотели получить деньги — немедленно или через пять лет? Очевидно, что сразу же, потому что, если вы хотите потратить эти средства, сейчас их стоимость больше, чем будет через пять лет, даже при самых скромных

темпах инфляции. А что если эти средства сейчас вам не нужны? Вы все равно используете их, чтобы получить дополнительную прибыль и иметь через пять лет больше средств для инвестиций.
До сих пор предполагалось, что мы не выплачиваем вам никаких процентов. Теперь представьте себе, что мы предлагаем 50% ежегодно, если вы согласитесь подождать пять лет. Разумеется, в этом случае вы примете наше предложение, потому что по истечении срока вы получите 7 583,25 долл. Даже если деньги нужны вам сейчас, вы можете взять кредит в банке и все равно останетесь в выигрыше.
Концепция дисконтирования денежных потоков основана на том, какую процентную ставку мы должны предложить вам, чтобы ваш доход не уменьшился независимо от того — сейчас вы возьмете деньги или через пять лет. Опыт свидетельствует о том, что эта процентная ставка колеблется в пределах 0–50%.

Механика дисконтирования денежных потоков

Давайте рассмотрим метод дисконтирования денежных потоков на простом примере. Вы получили в наследство от тетушки Мэри 10 тыс. ф. ст. К сожалению, она была наслышана о той легкости, с которой вы тратите деньги, поэтому в завещании сказано, что вы получите причитающуюся вам сумму только по достижении 30-летия. Сегодня вам исполнилось 27 лет (наши поздравления!).

Тетушка Мэри, в общем-то, поступила разумно, включив упомянутое условие в свое завещание. Вам же просто позарез нужны эти деньги до середины завтрашнего дня: вы горите желанием поставить кругленькую сумму на лошадь, у которой, как вам сообщили по секрету, есть все шансы выиграть завтрашние скачки. Вы находите дружелюбно настроенного банкира, который готов ссудить вам часть суммы.

Учетная ставка составляет 10%, и банкир готов ссудить вам ровно столько, чтобы ваша задолженность перед банком, включая проценты, к концу трехлетнего срока составляла ровно 10 тыс. ф. ст. Сколько это?

Если вы сейчас возьмете в долг 100 ф. ст., проценты к уплате на конец года составят 10 ф. ст. Таким образом, общая сумма вашей задолженности перед банком будет 110 ф. ст.

На протяжении второго года проценты к уплате будут рассчитываться от общей суммы задолженности и составят 11 ф. ст. На конец второго года вы будете должны банку уже 121 ф. ст.

На протяжении третьего года проценты к уплате будут рассчитываться от 121 ф. ст. и составят 12,10 ф. ст. На конец года ваша задолженность перед банком будет равна 133,10 ф. ст.

Теперь мы видим, что за каждые 100 ф. ст., взятые в кредит, вы должны будете выплатить банку 133,10 ф. ст.

Решив уравнение x * 1,331 = £10 000,

вы получите сумму, которую вы можете взять сейчас в кредит, т. е. коло 7 510 ф. ст. Эта же техника может быть использована для того, чтобы разобраться с системой любых процентных-ставок и любого периода времени.

Теперь мы можем сравнить два проекта, потому что знаем, как преобразовать будущие денежные потоки в настоящие. Используемый нами метод получил название «дисконтирование», а его результатом является приведенная стоимость денежного потока.

Время поступления денежного потока	Объем денежного потока	Коэффициент дисконта при учетной ставке 10%	Приведенная стоимость
Немедленно	(10 000)	1	(10 000)
Через 1 год	3 000	0,909	2 727
Через 2 года	4 000	0,826	3 304
Через 3 года	5 000	0,751	3 755
Через 4 года	3 000	0,683	2 049
Чистая приведенная стоимость (NPV)			£11 835

Коэффициент дисконта можно найти в соответствующих таблицах или при помощи формулы

Коэффициент дисконта $= 1/(1+i)^n$,

где i = учетная ставка, а n = количество лет.

Обратите особое внимание на коэффициент дисконта для третьего года, равный 0,751. Задавая себе вопрос, какой кредит можно взять в банке на основе завещания тетушки Мэри, мы разделили 10 тыс. ф. ст. на 1,331. Тот же результат можно получить, если умножить 10 тыс. ф. ст. на 0,751 — коэффициент дисконта для третьего года при учетной ставке 10%.

Окончательный результат — сумма всех денежных потоков — известен как чистая приведенная стоимость (net present value — NPV) проекта.

Если необходимо выбрать один из двух проектов, предпочтение отдается проекту с более высоким значением NPV. Если же выбирать приходится из целого ряда проектов, решение, скорее всего, будет принято в пользу всех проектов с положительным значением NPV.

Комментарии по методу дисконтирования денежных потоков

1. Начальные капиталовложения осуществляются в «нулевой» момент времени, т. е. в момент «запуска» проекта. Величины всех денежных потоков, которые имеют место в течение первого года, суммируются и выражаются одной цифрой для всего года — чистым денежным потоком. Для удобства принято считать, что этот чистый денежный поток приходится на первую годовщину первоначального капиталовложения. Так же поступают с денежными потоками в течение второго года и т. д.

Если возникает необходимость в большей точности расчетов, можно расписать денежные потоки между более короткими периодами (например, кварталами) и использовать соответствующие коэффициенты дисконта.

Тем не менее, в большинстве компаний подобную точность не находят целесообразной, поскольку в этом случае менеджеры не успевают отслеживать все данные. Кроме того, объединение всех денежных потоков часто приводит к большей осторожности при оценке проекта, потому что в этом случае значение NPV несколько занижается.

2. Денежные потоки должны включать только те выгоды и расходы, которые имеют отношение к данному проекту, о чем мы уже говорили раньше.
3. Учетная ставка отражает стоимость капитала. В крупных компаниях ее устанавливает финансовый отдел.

?–! Достойный ответ

Основные правила

Если вы работаете в крупной компании и принимаете участие в оценке инвестиций, обязательно выясните принятый в ней коэффициент дисконта. Он может равняться номинальной стоимости капитала, а может быть и намного выше. В некоторых компаниях считается, что технологический проект должен показывать положительное значение NPV при коэффициенте дисконта 15% или даже больше.

4. Проекты с положительным значением NPV создают для компании бо́льшую ценность и, если они успешно проходят эталонное тестирование, получают «зеленый свет».
5. В финансовой практике существует еще один количественный показатель — внутренняя норма доходности (internal rate of return — IIR). Помните вопрос: «Когда бы вы хотели получить 1 тыс. долл.?» Мы тогда сказали, что можем предложить вам такую процентную ставку, с которой вам будет все равно — взять деньги сейчас или потом. Это и есть внутренняя норма доходности, т. е. коэффициент дисконта, при котором NPV равна 0.

Умная фраза на случай

Метод внутренней нормы доходности

Что бы вы предпочли: 10% от 50 млн. долл. или 20% от 5 млн. долл.? Простой вопрос, но если вы принимаете решения исходя только из внутренней нормы доходности, вы можете выбрать и второй вариант. Всегда смотрите на NPV в процессе принятия решения.

Вопрос на засыпку

Тест 24: дисконтирование денежных потоков
Чтобы попрактиковаться в дисконтировании, заполните следующую таблицу.

Компания проводит оценку инвестиционного проекта:

Время поступления денежного потока	Объем денежного потока	Коэффициент дисконта при учетной ставке 15%	Приведенная стоимость
Немедленно	(20 000)		
Через 1 год	10 000		
Через 2 года	8 000		
Через 3 года	6 000		
Чистая приведенная стоимость (NPV)			

У вас может сложиться впечатление, что изложенный выше метод нами сильно упрощен и нужно еще многому научиться, прежде чем вы сможете использовать его на практике. Это не так. Главная сложность здесь в том, какие денежные потоки включать в расчет. Решив для себя этот вопрос, вы можете смело браться за дело, и масштаб проекта тут уже не имеет значения.

Теперь нам нужно сделать еще один шаг в оценке инвестиций. Вспомните два прогноза, которые мы составили для нефтяной компании.

Наиболее вероятный прогноз

Год	1	2	3
Суммарный денежный поток	520,6	918,2	918,2

Пессимистичный прогноз

Год	1	2	3
Суммарный денежный поток	319,3	633,8	633,8

В интересах большей достоверности суммарный денежный поток должен учитывать будущие налоговые обязательства. Тут не обойтись без помощи бухгалтеров: виды и размеры налоговых ставок определяются соответствующими органами для каждой компании отдельно — спрогнозировать, каким будет налоговый режим для конкретного проекта, довольно сложно даже бухгалтеру, который посвящен во все тонкости налогового статуса компании.

В нашем примере мы будем исходить из того, что ставка налогообложения равна 35%. Любой денежный поток с положительным значением включается в прибыль и, разумеется, облагается налогом. Уплата налога происходит в следующем году после появления денежного потока, когда компания уже составила отчет о налогооблагаемой прибыли за истекший год. Поэтому, если в первом году проект породил положительный денежный поток объемом 521 ф. ст., во втором году отток денежных средств составит 35% от этой суммы — 182 ф. ст.

Существует еще одна сложность, связанная с налогообложением. Капитальные затраты по проекту составляют 1 711 ф. ст., а вот взгляды на них с точки зрения уплаты налогов могут быть разными. Вне зависимости от того как аудиторы начисляют амортизацию в отчете о прибылях и убытках, у налоговой инспекции есть собственный метод. Ранее мы говорили о равномерном методе начисления амортизации, когда происходит систематическое списание равных по величине сумм в течение всего периода полезного использования актива. Однако налоговые службы предпочитают *метод уменьшающегося остатка*, в соответствии с которым ежегодная амортизация рассчитывается как процент от текущей балансовой стоимости актива. В нашем случае первоначальная стоимость актива равна 1 711 ф. ст. Используя метод уменьшающегося остатка, компания должна в первом году отчислить 25% от этой суммы в качестве амортизации, т. е. 428 ф. ст. Как мы уже сказали выше, компания должна была бы заплатить 182 ф. ст. налога, однако она получает налоговую льготу размером 149,8 ф. ст. (35% от текущей амортизации), которая округляется при учете денежного потока до 150 ф. ст. Во второй год актив переходит с балансовой стоимостью 1 283 ф. ст. (1 711 ф. ст. минус 428 ф. ст.); 25% от этой суммы составляет

321 ф. ст., а 35% от 321 ф. ст. (т. е. налоговая льгота во втором году) — 112 ф. ст. В третьем году компания продает актив за 257 ф. ст. и получает налоговую скидку в размере 35% от разницы между выручкой от продажи и остаточной стоимостью актива (962 ф. ст.), т. е. приблизительно 247 ф. ст. Поскольку компания продала актив по цене меньше его остаточной стоимости, она получает балансирующую скидку в размере 705 ф. ст. (962 ф. ст. минус 257 ф. ст.), которую может вычесть из налогооблагаемой прибыли.

Обратите внимание, что при расчете налогов, которые подлежат уплате, мы включаем и год 4-й, несмотря на то что жизненный цикл проекта составляет 3 года.

Отчет о движении денежных средств: наиболее вероятный прогноз

Год	0	1	2	3	4
Капитал	(1 711)			257	
Налоговая льгота			150	112	247
Денежный поток от операционной деятельности		521	918	918	
Налоги			(182)	(321)	(321)
Денежный поток	(1 711)	521	886	966	(74)
Коэффициент дисконта при учетной ставке 7%	1	0,93	0,87	0,82	0,76
Приведенная стоимость	(1 711)	484	771	792	(57)
Чистая приведенная стоимость	279				
Остаточная стоимость		1 711	1 283	962	
Амортизация		428	321		
Балансирующая скидка				705	

Отчет о движении денежных средств: пессимистичный прогноз

Год	0	1	2	3	4
Капитал	(1 711)			257	
Налоговая льгота			150	112	247
Денежный поток от операционной деятельности		319	634	634	
Налоги			(112)	(222)	(222)
Денежный поток	(1 711)	319	672	781	25
Коэффициент дисконта при учетной ставке 7%	1	0,93	0.87	0,82	0,76
Приведенная стоимость	(1 711)	297	584	641	19

Чистая приведенная стоимость	(170)			
Остаточная стоимость		1 711	1 283	962
Амортизация		428	321	
Балансирующая скидка				705

В пессимистичном прогнозе значение NPV отрицательное (—170), а в наиболее вероятном прогнозе — положительное (279). Главное различие между этими двумя денежными потоками определяется клиентами из категории «Вероятность 2». Именно они решают судьбу проекта. Что можно сделать в этом случае? Во-первых, пойти к ним и так или иначе прояснить ситуацию: подписать контракт (или хотя бы добиться договоренности о подписании контракта в ближайшем будущем) или же вычеркнуть их из списка. При наличии определенности принять правильное решение значительно легче. Если компания решает вложить ресурсы в потенциальных покупателей из этой категории, возможно, ей придется отказаться от клиентов группы «Вероятность 3». Однако это уже не так важно, потому что проект вполне может оказаться жизнеспособным и без них.

И снова об анализе рисков

Мы уже затронули тему анализа финансовых рисков в контексте затрат и выгод и рассмотрели возможные способы их минимизации. А теперь давайте поговорим о некоторых методах анализа рисков, которые целесообразно проводить на последнем этапе оценки инвестиций.

Анализ чувствительности

Вы, как потенциальный владелец и руководитель проекта, только выиграете, если ознакомитесь со всеми правилами оценки инвестиций, принятыми в вашей компании, и внимательно изучите отчет о прибылях и убытках и отчет о движении денежных средств. На этом этапе вы уже можете оценить жизнеспособность вашего проекта с помощью установленной в компании пороговой рентабельности. Вы также можете сравнить его с другими инвестиционными проектами, зная, что NPV в размере 41 млн. долл. лучше, чем NPV в размере 38 млн. долл. Теперь самое время применить анализ чувствительности, который отражен в вопросе «А что если?». Чтобы добиться большей определенности при оценке инвестиционного проекта, мы берем каждый прогнозируемый входящий денежный поток и задаем себе два вопроса:

- Что произойдет со значением NPV, если этот денежный поток изменится?
- В каких пределах может меняться этот денежный поток, чтобы показатель NPV сохранял положительное значение?

Анализ чувствительности покажет вам, может ли проект потерпеть наудачу из-за его повышенной чувствительности к ключевым поступлениям средств. Также вы будете знать, на какие входящие денежные потоки нужно обратить особое внимание при реализации проекта, чтобы держать NPV под контролем.

?–! Достойный ответ

Услуги телефонной связи

Представьте себе, что вы предоставляете услуги телефонной связи и намерены приобрести новый коммутатор. С этой целью вы решаете провести анализ чувствительности дисконтированного денежного потока к числу пользователей объекта инвестиций. Вы составляете прогноз для будущих денежных потоков и определяете количество пользователей — 5 500. Вы устанавливаете также, что, даже если бы их было 5 400, *NPV* сохраняла бы положительное значение. Аналогично, вы можете определить число клиентов, которых вы можете потерять, прежде чем *NPV* приобретет отрицательное значение. Можно провести анализ проекта на чувствительность к любому параметру, который влияет на выгоды или затраты.

Анализ ожидаемых величин

При анализе ожидаемых величин каждой переменной присваивается ряд возможных значений, а также связанные с ними возможности и последствия. Давайте рассмотрим анализ ожидаемых величин на относительно простом примере, основанном на описанных выше услугах телефонной связи.

Вы оцениваете вероятность того, что у вас будет 5 500 новых клиентов, в 60%. Предположим, что вероятность того, что коммутатор добавит 4 800 новых клиентов, равна 40%. А теперь рассчитаем *NPV* для каждого возможного исхода событий с учетом его вероятности.

Число пользователей	NPV	Вероятность	NPV x вероятность
4 800	60 444	0,4	24 178
5 500	684 248	0,6	410 549
Ожидаемый показатель			434 727

Ожидаемая величина представляет собой просто сумму отдельных результатов прогнозов. Если бы проект был реализован тысячу раз, мы бы предположили, что в 400 случаях спрос был бы равен 4 800, а в 60 случаях — 5 550. Средний доход был бы равен сумме, указанной выше.

Как вы могли сами убедиться на приведенном примере, этот метод не очень эффективен в случаях капитальных проектов, которые будут реализованы только единожды. Компания никогда не достигнет ожидаемого показателя и получит только одно из значений *NPV*, но какое именно — неизвестно.

На тот случай, если метод ожидаемых величин вам не понятен, мы приведем более простой пример. Социологические исследования показали, что среднее количество детей в европейской семье равно 2,2. Однако этот факт никак не поможет вам предсказать, сколько на самом деле детей в семьях, потому что мы знаем, что 2,2 ребенка не будет ни в одной семье.

Так когда же полезно знать ожидаемую величину? Компании используют данный метод а нализа, когда им нужно принимать одно и то же решение по инвестиционному проекту снова и снова.

?–! Достойный ответ

Нефтяной бизнес и анализ ожидаемых величин
Например, компания *OCC Oil* оценивает проекты по разработке новых месторождений исходя из прогнозного отчета о прибылях и убытках и вероятности успеха. Ей приходится многократно проводить такую оценку; если она будет использовать анализ ожидаемых величин, то, в конечном счете, процент правильных решений будет выше.

Оптимистичные, наиболее вероятные, пессимистичные прогнозы

Мы уже рассматривали этот метод, когда говорили об оценке выгод проекта. Можно его использовать и сейчас, на заключительном этапе оценки инвестиций. В соответствии с ним менеджеров компании просят составить три прогноза: оптимистичный, наиболее вероятный и пессимистичный. Затем для каждого случая рассчитывается *NPV*, как показано в приведенной ниже таблице на примере все тех же услуг телефонной связи.

Прогноз	Оптимистичный	Наиболее вероятный	Пессимистичный
Число пользователей	6 000	5 500	4 500
Надбавка к тарифу (%)	4	2	1
Увеличение затрат на оплату труда (%)	6	8	11
Абонентская плата в расчете на одного пользователя (%)	+10	0	–5
NPV (ф.ст)	1 785 197	684 248	–498 196

Этот метод можно применять самостоятельно, чтобы руководство компании получило представление о вероятном доходе. Также его можно использовать в сочетании с анализом ожидаемых величин для получения единого ожидаемого показателя.

ГЛАВА 8

ФИНАНСИРОВАНИЕ

Введение

В заключительной главе мы поговорим о личных инвестиционных проектах и финансировании целых предприятий, а начнем с того, что освежим в памяти базовые знания, касающиеся привлечения средств и «побочных эффектов» различных источников финансирования. Мы уже знаем, как инвесторы формируют содержимое своих инвестиционных портфелей. Теперь давайте посмотрим на проблему с другой стороны — каким образом менеджеры получают средства, необходимые им для ведения бизнеса. Акционеры не доверяют свои средства кому попало — они ищут по-настоящему талантливых предпринимателей.

Как денежные средства поступают в бизнес

Два основных источника финансирования бизнеса — акционерный капитал и заемный капитал. Акционерный капитал поступает в компанию в виде денежных средств, когда первые владельцы бизнеса покупают акции. На заре существования компании владельцами часто являются основатели и бесстрашные венчурные предприниматели, частные лица (например, отец основателя компании) и организации (чаще всего венчурные фонды).

Два основных источника финансирования обуславливают разные последствия для компании. В некотором смысле акционерный капитал дешевле. Рентабельность акционерного капитала проявляется в форме дивидендов, которые, как правило, выплачиваются два раза в год. На начальных этапах развития компании владельцы часто отказываются от дивидендов и позволяют руководству оставить всю прибыль в бизнесе, направляя ее на расширение и развитие.

Умная фраза на случай

Привлечение акционерного капитала

Чтобы привлечь в новый бизнес акционерный капитал, совет директоров должен иметь на руках убедительный бизнес-план, который предусматривает получение прибыли, сопоставимой с риском.

Менеджерам нет необходимости беспокоиться о том, где найти денежные средства на выкуп акций, потому что с практической точки зрения акционерный капитал остается в компании навсегда. Единственную трудность при использовании акционерного капитала представляют эксплуатационные расходы; услуги финансистов и юристов дорого обходятся компании. О да, еще нужно найти кого-то, кто согласился бы вложить свои деньги в бизнес, который вполне может потерпеть неудачу. Это не так просто, как кажется на первый взгляд, ведь в случае провала все первоначальное капиталовложение будет утрачено. Именно из-за высокой степени риска акционеры требуют, чтобы их доходы в долгосрочном периоде были выше, чем процентные выплаты по банковским депозитам. Они получают эти доходы в виде роста дивидендов, который, как мы уже знаем, реализуется посредством дивидендных выплат в долгосрочном периоде, а также посредством краткосрочного увеличения капитализированной стоимости акций.

В то же время, чтобы привлечь заемный капитал, компании потребуется меньше средств. Его предоставляют банки и финансовые учреждения, которые оценивают уровень рискованности предприятия, а затем назначают соответствующую процентную ставку. Так это выглядит теоретически, а вот на практике картина несколько иная.

Если бы кто-то предложил одолжить вам на неделю 10 ф. ст. с условием, что по истечении срока вы должны вернуть в два раза больше, вы бы, даже не читая этой книги, догадались, что это не очень выгодная сделка. Предположим теперь, что сейчас у вас нет ни гроша, но вы точно знаете, что, когда вам нужно будет выплатить кредит и 100% по нему, у вас будет 71 ф. ст. Ну что? Сделка по-прежнему не представляет бы для вас никакого интереса? Мы забыли самое главное: ваши дети не ели ничего уже 36 часов и плачут от голода. Вот при таких обстоятельствах ростовщики, которые работают преимущественно в бедных районах, и предоставляют подобные кредиты, наживая на них целые состояния. Помните об этом во время дальнейшего рассмотрения категории заемного капитала.

Достойный ответ

Повышение курса акций

Прежде чем повысить курс акций, совет директоров должен какое-то время выплачивать ожидаемые и постоянно увеличивающиеся дивиденды или же, если речь идет о быстроразвивающихся отраслях, продемонстрировать свою способность сделать это в будущем.

Вопрос на засыпку

Тест 25

Если темпы инфляции составляют 2,2% в год, а выплаты по овердрафту — 9,8%, какой будет реальная процентная ставка?

С точки зрения кредиторов, процентная ставка защищает их от риска потерять свои средства. Чем сложнее положение заемщика и чем выше степень риска, тем выше будет цена финансового участия.

Если вы управляете крупным конгломератом и намерены взять кредит на сумму 250 млн. долл. для того, чтобы выкупить одну из дочерних компаний вашего конкурента, вас будут со всех сторон обхаживать потенциальные кредиторы, готовые предоставить вам необходимые средства за процентную ставку, которая всего лишь на 1% превышает банковскую учетную ставку. Если вам нужно 20 тыс. ф. ст., чтобы сделать ремонт в вашем магазинчике, вам придется еще поискать кредитора, который согласится одолжить средства под процентную ставку на 5% или 6% выше банковской учетной ставки. В дополнение к этому он может потребовать, чтобы вы обеспечили заем, предоставив в качестве гарантии ваш собственный дом. По сути, банки — это те, кто одалживает малым предприятиям зонтики, только когда ясно светит солнце.

При наличии в компании заемного капитала, руководство должно тщательно планировать выплаты по нему, чтобы строго выполнять условия достигнутого с кредитором соглашения.

Достойный ответ

Привлечение заемного капитала

Создается впечатление, что любой банк волнует лишь одно: степень уверенности в том, что он получит назад свои средства.

Привлечение в бизнес неакционерного капитала

Выбор источника финансирования во многом зависит от размера бизнеса, который привлекает капитал. Неакционерный капитал доступен всем компаниям, однако особенное значение он приобретает для малых и средних предприятий, независимо от того числятся они уже в листинге фондового рынка или нет.

HAR Plc

Энди успешно решал краткосрочные проблемы в *HAR*. Он внушил своим подчиненным необходимость действовать и поставил перед ними задачу — добиться улучшения, пускай даже незначительного, финансовых результатов. Он сделал часть постоянных расходов переменными. Под его руководством компания по-прежнему терпит убытки, однако теперь, кажется, ситуация постепенно возвращается под контроль. Краткосрочный бизнес-план Энди выполнен, и доверие, которое он снискал в результате, позволило ему сохранить своих кредиторов, по крайней мере, до сих пор. Тем не менее сумма процентных выплат постоянно растет. Краткосрочные займы и овердрафт обходятся компании в 10% в год, а в некоторых случаях даже больше. Поэтому Энди намерен обратится к другим источникам финансирования краткосрочных потребностей компании, в частности к факторингу.

Суть здесь вот в чем: факторинговая компания покупает у клиента дебиторскую задолженность и обслуживает ее (ведет учет, выставляет инвойсы, гарантирует погашение долга и добивается уплаты). Энди же хочет купить только одну факторинговую услугу: финансирование его дебиторов, в результате которого в его компанию поступит около 2 млн. ф. ст. Здесь есть одно «но». Банк, который выступает главным кредитором краткосрочных средств, выдвинул ряд условий. В частности, овердрафт не должен превышать 60% дебиторской задолженности. Это означает, что Энди должен выплатить овердрафт, иначе у него не будет доступа к этому удобному источнику средств. Однако овердрафт стоит намного дороже, чем факторинг, а с помощью трезво составленных бюджетов Энди уже возвращает ситуацию в компании под свой контроль и поэтому только рад представившейся возможности. Сокращение овердрафта или отказ от него по многим причинам благотворно сказывается на компании. Овердрафт удобен тогда, когда предприятие выплачивает проценты за полученный кредит на ежедневной основе. Как источник долгосрочного финансирования он дорого стоит и не очень удобен: если банк по какой-то причине (или даже просто так) начинает беспокоиться по поводу предоставленного займа, он может мгновенно отозвать овердрафт. Овердрафт — это источник только краткосрочного финансирования, и относиться к нему нужно соответствующим образом.

С помощью всех вышеперечисленных действий Энди добился уверенного положения для своей компании в краткосрочном периоде (т. е. на ближайшие 1–3 месяца).

Другие формы краткосрочного капитала включают срочный кредит — кредит, выдаваемый банком на четко определенный срок. Компания может поднажать на кредиторов и заключить с ними сделку, которая предоставит ей больше времени для выплаты долга. Возможно, за отсрочку придется заплатить отдельно, однако вы почти наверняка можете найти кредитора, для которого будете важным клиентом. Большинство остальных форм краткосрочного капитала являются той или иной разновидностью овердрафта (например, банковский акцепт).

Руководитель, который не умеет пользоваться программами для работы с электронными таблицами (например, не может от начала до конца составить отчет о движении денежных средств), находится в крайне невыгодном положении независимо от размеров вверенной ему компании. Он просто ставит себя в положение менеджера 1970-х гг. Тогда анализ риска и возможных результатов проводился посредством постановки вопроса «А что если?..».

Менеджеры знали, что выпуск нового товара достигнет безубыточности на второй год, если товар будет продаваться в запланированных объемах, но они не имели ни малейшего представления, на каком этапе меньшие объемы продаж поставят под угрозу общие денежные потоки компании или данного отдела. Не знали они и того, сколько товаров нужно продать сверх плана, чтобы претендовать на дальнейшие инвестиции. В целом менеджеры часто испытывали недостаток в информации для сравнения двух инвестиционных проектов, особенно если последние сильно отличались друг от друга. В результате им часто приходилось задаваться вопросом «А что если?..».

Достойный ответ

Малое предприятие

Главное, что нужно сделать малому предприятию при привлечении краткосрочного капитала, — это тщательно спланировать долгосрочный период. Удостоверьтесь, что отчет о движении денежных средств соответствует действительности, а при составлении прогнозов исходите из того, что положение немного хуже, чем оно есть на самом деле. Попытайтесь предвидеть развитие событий на несколько лет вперед, а на ближайший год составьте подробный прогноз. Требуйте безукоризненного ведения счетов. Никогда не превышайте предоставленный вам овердрафт без согласия кредитора.

Если вы последуете этим советам, то довольно скоро завоюете репутацию надежного руководителя. И когда вам потребуются дополнительные средства для какого-то нововведения, в банке вашу просьбу встретят благосклонно и без лишних сомнений.

Банкиры, как и акционеры, больше всего не любят неожиданностей и неуверенности, а вы должны сделать все, что в ваших силах, чтобы общение с вами было для них комфортным.

Создано и протестировано множество компьютерных программ, призванных облегчить реализацию управленческих задач. Однако только в конце 1970-х гг., с появлением на рынке программы для работы с электронными таблицами Visicalc, менеджеры получили возможность самостоятельно составлять нужные им расчетные документы и обрести независимость от финансового отдела. Компьютеры открыли для бизнеса невиданные перспективы и возможности планирования.

Независимость от финансового отдела, конечно же, становится бессмысленной, если она приводит к зависимости от отдела информационных технологий. Однако электронные таблицы просты в использовании и благодаря им менеджеры самостоятельно создают модели и решают стоящие перед ними задачи. Электронные таблицы — это полная противоположность универсальному программному обеспечению, которое решает проблему каждого менеджера, но не до конца.

Сочетание слов «простой» и «компьютер» требует некоторой осторожности; как выразился один руководитель *IBM*, компьютер часто так же «дружелюбен к пользователю, как загнанная в угол крыса». И все же электронные таблицы действительно просты и удобны в использовании; им можно придать тысячи форм, чтобы найти комплексные решения для сложных проблем. Те, кто освоил электронные таблицы, говорят, что их можно использовать не только для расчета необходимых показателей, но и как язык программирования широкого применения. Даже опытные пользователи признают, что потенциал этого инструмента еще не раскрыт до конца.

HAR Plc: долгосрочная стратегия

Разобравшись с краткосрочным периодом, Энди обратил свой взор в будущее. По его мнению, у _HAR_ более обещающие перспективы, чем у большинства конкурентов. Положение _HAR_ на рынке позволит компании воспользоваться преимуществами экономического подъема, когда тот наступит. Энди уверен, что было бы неплохо объединить под сенью _HAR_ несколько компаний; вопрос в том, как привлечь необходимый капитал. В частности, он наводил справки об одной компании: она принадлежит ее основателю, который вот-вот выйдет на пенсию. В случае если Энди предложит план поглощения, который гарантирует занятость его теперешним служащим, а также выход новой компании на фондовый рынок, основатель обещал серьезно подумать над этой идеей.

Итак, главные задачи долгосрочного периода — удержать компанию на плаву на протяжении, скажем, трех лет, а также увеличить ее размеры посредством приобретения.

Наверное, о краткосрочных средствах компании говорить довольно. Среднесрочные финансы компании охватывают период от одного года до трех лет.

В первую очередь, это обеспеченные и необеспеченные банковские займы, однако существуют и другие среднесрочные средства.

- Лизинг и покупка в рассрочку позволяют компании производить оплату за актив постепенно. Правда, за это взимается плата, которая напоминает проценты по кредиту, и она может быть достаточно высокой, если актив пользуется спросом, или же наоборот — низкой, если кредиторам нужны клиенты. Автомобильные производители, например, предлагают лизинг автомобилей на очень выгодных условиях, когда рынок достаточно вялый.
- Правительственные субсидии, которые выделяются для поддержки нововведений или для развития какого-то конкретного региона, где бизнес создает новые рабочие места. У этого источника средств есть только один недостаток — огромное количество документации; сначала нужно обосновать свой запрос о предоставлении субсидии, а потом регулярно отчитываться перед органами власти о том, как продвигается реализация проекта. Это отнимает много управленческого времени.
- Схема гарантий по займам. Согласно достигнутой договоренности правительство предоставляет гарантии клиринговым банкам, которые выдают кредиты малым предприятиям. Схема гарантий по займам работает только со среднесрочными средствами и имеет пределы, как правило, 70% займов в размере до 100 тыс. ф. ст. Стоимость этой услуги для компании составляет 1% или 2% от общей суммы кредита.

Теперь подходим к венчурному капиталу. Венчурные инвесторы формируют денежный фонд и периодически выделяют из него средства для проектов и предприятий с высокой степенью риска. Они ищут предпринимателей с такими идеями, которые слишком рискованны в глазах традиционных банковских кредиторов, и вкладывают в них свои средства, часто называемые инвестициями раннего развития. Венчурный капитал дорогостоящий, поскольку его вложение сопряжено с большим риском для его владельцев. Поэтому венчурные инвесторы часто выдвигают дополнительные требования — определенное количество акций и/или своего представителя в совете директоров.

Венчурные инвесторы начинают искать «пути выхода» из компании примерно через три года после первоначального капиталовложения. Помните: они ожидают успех только в 10% случаев — и поэтому они предпочитают вкладывать свои средства преимущественно в сферу высоких технологий, которая может принести им огромные доходы. «Огромные» — это слово уместно использовать по отношению к деятельности венчурных инвесторов, ведь они вкладывают большие деньги в настоящие авантюры.

?–! Достойный ответ

Венчурные инвесторы

Если совет директоров принимает решение найти необходимые для компании средства на рынке ценных бумаг, естественной человеческой реакцией будет сосредоточиться всецело на проблеме привлечения капитала. Однако намного разумнее направить основные свои усилия на эффективное ведение бизнеса, т. е. на выработку и реализацию хорошей стратегии. Придет время – и эксперты на рынке ценных бумаг сами скажут, что предприятие можно предложить вниманию инвесторов.

Компании, в которые был вложен венчурный капитал

С другой стороны, не забывайте о том, что они являются экспертами по вопросам привлечения капитала, а вы, как бы успешно ни работал ваш бизнес, – новичком. Так что держите глаза и уши открытыми и прислушивайтесь к советам людей, которые уже прошли ваш путь.

HAR Plc

Энди провел несколько бесед с венчурными инвесторами и узнал, что его предложение будет представлять для них определенный интерес, однако только после того, как произойдет первое поглощение. Вот его-то, по их мнению, должен профинансировать какой-нибудь другой инвестор или, скорее, добрый ангел бизнеса.

Через владельца компании — потенциального объекта поглощения — Энди находит человека, готового предоставить средства, необходимые для выкупа большей части компании. В этом случае, проведя необходимые переговоры, Энди сможет удовлетворить требования всех участников поглощения, особенно руководителей новой компании, в том, что касается акций. Вспомним, что на данном этапе прибыль получает только владелец приобретенной компании. Другие просто владеют акциями, которые впоследствии вообще могут утратить всякую ценность.

Поглощение столь важно для Энди еще по одной причине. Он потратил на то, чтобы реализовать его, довольно много времени. Теперь же, когда новые менеджеры постепенно берут на себя управление компанией, Энди может уделить больше времени потенциальным кредиторам растущего предприятия.

Практический совет

Для привлечения венчурного капитала требуется время, по меньшей мере 6 месяцев. Вначале менеджерам кажется, что все произойдет очень быстро, а в результате они вынуждены идти на компромиссы.

Венчурный инвестор всегда старается заключить сделку таким образом, чтобы у руководства компании был мощный стимул усердно работать. Например, он может предложить на первом этапе скромные оклады или же «схему передачи акций», согласно которой венчурный инвестор обязуется передать компании акции, которыми он владеет, если все поставленные перед ней задачи будут выполнены.

Что касается долгосрочного заемного капитала, у малых предприятий есть ряд альтернатив. Они могут заложить свои активы, продать активы с правом их последующего выкупа или же просто взять долгосрочный кредит. Недостатки всех этих методов связаны с выплатой процентов и необходимостью возвращать кредит, а преимущества — с нашим старым знакомым — финансовым «рычагом».

?–! Достойный ответ

Финансовый «рычаг»

Предположим, компания получает прибыль в размере 1 млн. ф. ст., а владельцы хотят продать ее за 10 млн. ф. ст. Частный предприниматель покупает бизнес за свои (1 млн. ф. ст.) и заемные средства (10 млн. ф. ст.). Предположим, что бизнес растет и уже через два года его прибыль составляет 2 млн. ф. ст. Теперь стоимость компании равна уже 20 млн. ф. ст. Если сейчас предприниматель продаст этот бизнес, он выплатит кредит и получит прибыль в размере 11 млн. ф. ст. при начальном капиталовложении в 1 млн. ф. ст.

К сожалению, финансовый «рычаг» может «сработать» и в противоположном направлении. Если прибыль снизится до 500 тыс. ф. ст., рыночная стоимость бизнеса будет уже 5 млн. ф. ст., а кредит останется прежним — 9 млн. ф. ст.

Финансовый «рычаг» увеличивает как степень риска, так и вероятный доход.

Привлечение средств на фондовом рынке

Фондовые рынки полезны как для компаний, так и для инвесторов. Их задача заключается в том, чтобы способствовать как привлечению компаниями нового долгосрочного капитала, так и успешной торговле ценными бумагами.

Большинство коротких листингов составляется по мере размещения ценных бумаг на рынке. Составитель — а это, как правило, коммерческий банк или фондовый брокер — размещает акции в соответствии с их покупателями. Крупные эмиссии часто подразделяются на «предложение для продажи» и «тендерный выпуск». В первом случае компания продает акции по установленной цене; во втором — организовывает аукцион и размещает акции среди тех покупателей, кто предложил наибольшую цену. В большинстве случаев на момент эмиссии у компании уже есть соглашения с какими-либо финансовыми учреждениями (андеррайтерами) о покупке акций за установленную цену; это позволяет значительно снизить степень риска. Но, как мы уже знаем, риск дорого стоит: у андеррайтеров большой гонорар.

Чтобы быть включенной в листинг, компания, как правило, должна вести успешную деятельность на протяжении последних трех лет, а также иметь минимальную стоимость, установленную фондовым рынком.

Практический совет

Финансовое и юридическое обслуживание размещения акций на рынке стоит достаточно дорого. Чтобы привлечь в бизнес 10 млн. ф. ст., нужно заплатить не менее 1 млн. ф. ст.

Привлечение капитала посредством выпуска акций дороже обходится новым компаниям, а еще дороже — компаниям, которые вынуждены прибегнуть к нему повторно, потому что им не удалось реализовать свой бизнес-план. Если деятельность компании успешна, необходимый для расширения капитал будет стоить ей меньше.

Размещение акций на рынке несет в себе одно существенное преимущество: оно открывает путь к ряду инвесторов, которые, сталкиваясь с перспективным начинанием, вложат в него еще больше средств. Это можно сделать посредством эмиссии прав, получившей такое название из-за того, что вначале компания предлагает новые акции своим текущим акционерам, которые имеют первоочередное право на их покупку. Последние, таким образом, могут сохранить свою долю участия в компании.

?–! Достойный ответ

Не смотрите на размещение акций сквозь розовые очки.

Чтобы компания была внесена в листинг, по меньшей мере 25% ее акций должны быть размещены на рынке. Это требование приводит к тому, что привлечение нового капитала неизбежно сокращает долю участия текущих акционеров. Когда компания выставляет акции на публичную продажу, ее владельцы в значительной мере утрачивают свой контроль над ней и вынуждены отчитываться перед новыми людьми и учреждениями. Порой это превращается в тягостную обязанность, а для некоторых — настолько тягостную, что спустя какое-то время они выкупают все акции и возвращают компанию в свою частную собственность.

Размещение акций на рынке, а потом их выкуп очень дорого обходятся компаниям.

Мы много говорили об акциях в связи с фондовым рынком, однако там есть и другие ценные бумаги, с помощью которых компания может привлечь капитал. В частности, существует заемный капитал в виде облигаций, хотя сейчас в Соединенном Королевстве их выпускают в малых количествах. Как правило, выплата процентов по облигациям производится два раза в год. Облигации распространяются, в первую очередь, среди финансовых учреждений, и только малая часть их предлагается публике на фондовом рынке.

Компания может привлечь необходимые средства и избежать оттока денежных средств, связанного с выплатой процентов по обычному заемному капиталу, выпустив облигации с дисконтом. В этом случае процентная ставка очень низкая, а цена продажи облигаций ниже, чем та, по которой компания обязуется выкупить их по истечении оговоренного срока. Облигации с дисконтом выгодны как компаниям, которые хотят сократить процентные выплаты до минимума, так и определенному кругу инвесторов: при погашении облигаций они получают доход в виде капитала, а не процентов.

Крупные компании также привлекают краткосрочный и среднесрочный капитал путем выпуска векселей, которые представляют собой простое обязательство выплатить указанную сумму по истечении указанного срока. Векселя могут быть обычными (т. е. с обычной процентной ставкой) и с дисконтом.

Все вышеперечисленные инструменты можно использовать для привлечения средств на различные нужды компании, но чаще всего они связаны с реализацией какого-то проекта, например поглощения другой компании.

Compusell Inc.

В балансе *Compusell* указаны векселя к оплате и краткосрочные обязательства общей суммой 936 млн. долл., однако самый главный источник долгосрочных средств для нее, как и для большинства крупных и зрелых компаний, заключается в нераспределенной прибыли из средств акционеров.

В том, что касается капитала, проблемы *Compusell* радикально отличаются от проблем *HAR*. Управленческой команде во главе с Салли удалось накопить 3 360 млн. долл. денежных средств или их краткосрочных эквивалентов. Даже если они потратят сейчас все эти сбережения, коэффициент текущей ликвидности при своем теперешнем значении 1,8 снизится только до 1,5, и это — не учитывая положительные денежные потоки, которые наличествуют в компании.

Совет директоров планирует выкупить акции *Compusell* на общую сумму 1 500 млн. долл. В краткосрочном периоде этот шаг нанесет удар по счету прибылей и убытков, поскольку утраченные проценты будут намного больше сэкономленных дивидендов. Однако существуют и преимущества такого шага. В долгосрочном периоде компания должна была бы увеличивать дивиденды, по меньшей мере, в соответствии с темпами инфляции. Кроме того, руководству *Compusell* удалось улучшить показатель прибыли на акцию, поскольку общее количество акций в обороте на рынке уменьшилось; остается надеяться, что в результате этого курс акций повысится, что для менеджеров очень важно. Одно из преимуществ высокого курса акций заключается в том, что компании, которые *Compusell* покупает и за которые расплачивается своими акциями, становятся для нее дешевле.

Поскольку приобретение — один из главных пунктов их стратегической программы, руководство вносит изменения в структуру капитала.

Мы увидели, как инвесторы оценивают существующие компании и степень риска новых предприятий, которые стремятся заполучить доступ к средствам инвесторов. В завершение поговорим о том, каким необычным (если не сказать — экстраординарным) способом рынок в конце 1990-х гг. оценивал компании, предоставляющие интернет-услуги. Этим компаниям жизненно необходим был капитал, чтобы оставаться на плаву, однако прибыль от их деятельности ожидалась только спустя 4–5 лет. Пример, приведенный ниже, вобрал в себя все то, о чем мы говорили на протяжении всей книги.

?–! Достойный ответ

Творческая бухгалтерия: оценка долгосрочных перспектив

Казалось, фондовый рынок поверил в то, что в недалеком будущем бо́льшая часть продаж будет осуществляться через Интернет. Существовавшие в то время компании потихоньку приспосабливались к изменяющимся условиям. Параллельно с этим был основан ряд фирм, единственная цель которых – обслуживать новый тип канала распределения. Но как же было оценить их, если прибыль от их деятельности ожидалась не раньше, чем через 10 лет?

«Очень просто, – ответил рынок, – возьмите объем какого-нибудь сегмента рынка и спрогнозируйте его развитие на 10 лет. Если, например, взять мировую торговлю пищевыми продуктами и напитками, получится огромная цифра, исчисляемая триллионами долларов. Теперь посмотрите на компанию, которая начала разработку системы и клиентской базы для проведения этих торговых операций в режиме реального времени. Такая компания может потратить сотни миллионов долларов только на подготовку к основной деятельности. Предположим, что она, будущий лидер на рынке, будет обслуживать 10% от этих торговых операций, и вы получите еще одну впечатляющую цифру. Допустим, что эта компания сможет извлечь прибыль в размере 20% от этих продаж, условно назовем эту прибыль ее положительным денежным потоком за 10 лет. Вы получите по-прежнему значительную сумму.

Теперь приведите это число к текущей стоимости. Для этого воспользуйтесь ставкой дисконта, которая на 2–3% превышает ставку по депозитам, чтобы учесть возможный риск. Полученный результат представляет прибыль, которую компания получала бы сейчас; его можно использовать как «прибыль» при расчете коэффициента P/E. Возьмем среднее значение коэффициента P/E = 10 — и рассчитаем теперешнюю стоимость бизнеса, умножив «прибыль» на 10. Начинали мы с триллионов, а закончили миллиардами. Тоже неплохо, не правда ли?

Этим объясняется, почему рынок оценивал стоимость таких компаний, как *Amazon.com* и *eBay.com*, в миллиарды долларов еще до того, как они начали получать прибыль. Прав ли был рынок в своих расчетах? Далеко не во всех случаях: лишь некоторые компании сумели выжить, достичь безубыточности, а потом и начали получать прибыль. Раньше мы доказали, что лучше покупать «вышедшие из моды» акции, чем те, курс на которые искусственно повышается. Однако деятельность интернет-компаний свидетельствует об обратном: покупайте акции, которые обещают ежегодный рост в 100%, в противном случае вы упустите шанс получить невероятную для фондового рынка прибыль. Да, повторим еще раз: «Никто не обещал, что финансовая жизнь — простая штука».

Эпилог

Если бы нужно было назвать три основных идеи этой книги, мы бы предложили:

Правило 2%. Настоящие менеджеры никогда не упустят возможность сэкономить, даже если речь идет о нескольких долларах. Это не означает, что нужно отказаться от рождественской вечеринки; подобная прижимистость может отрицательно сказаться на мотивации служащих. Мы хотим лишь сказать, сколько бы менеджер ни тратил, он всегда должен отдавать себе отчет в том, что он получает взамен.

Ваш король — денежные средства. Даже те, чья работа не связана напрямую с финансами, должны задумываться о последствиях для денежных потоков, которые повлечет за собой каждое принятое решение. Вашему руководству будет приятно узнать, что вы относитесь к вопросу денежных средств со всей серьезностью.

Если денежные средства являются королем, то *клиенты — это Бог*. Наилучший способ повысить прибыль заключается в том, чтобы увеличить объемы продаж или установить приемлемые цены. Какими бы ни были клиенты — внутренними или внешними, — прислушивайтесь к тому, чего они хотят, предлагайте им это и взимайте большую плату. Помните: менеджер, который пользуется доверием покупателей, а также выполняет свою работу в срок и в рамках бюджета, производит прекрасное впечатление.

Compusell и HAR

Итак, что можно сказать о Салли и Энди? Нужно признать, что Энди производит впечатление более талантливого и компетентного руководителя: он достойно выходит из трудных ситуаций. При принятии решений Энди тщательно взвешивает их возможные последствия с точки зрения и финансистов, и акционеров. У него есть все шансы преуспеть; единственное, что ему нужно, это деньги. И, скорее всего, он их получит: люди, которые располагают средствами, всегда ищут людей, которые способны этими средствами распорядиться с умом.

Салли проигрывает в сравнении с Энди. Создается впечатление, что ее по-прежнему больше беспокоят доходы от продаж, чем прибыль. Если она не излечится от финансовой близорукости, то, как и многие другие менеджеры, никогда не достигнет карьерных вершин. Там, наверху, деньги действительно на счету, а настоящие менеджеры как раз считают их.

СЛОВАРЬ ТЕРМИНОВ

Активы (assets) — любая собственность предприятия, имеющая денежную стоимость. С недавних пор в балансе отображаются также те активы, которые находятся под контролем компании, но не являются ее собственностью. В частности, это активы, которые используются на основе финансового лизинга. (*В отечественном бухгалтерском учете подобной практики не существует.* — Примеч. ред.).

Акционерный капитал (share capital) — балансовая стоимость обыкновенных акций по номиналу (если она была полностью оплачена и не подвержена дополнительной оплате капитала), которая представляет собой общую сумму средств, предоставленных компании акционерами на момент эмиссии акций.

Амортизация (depreciation) — оценка снижения стоимости активов (в результате расходования, устаревания или морального старения) на протяжении отчетного периода.

Биржевой курс (market value) — цена, по которой данная ценная бумага может быть куплена или продана на открытом рынке.

Бухгалтерский баланс (balance sheet) — документ, отражающий соотношение имеющихся у компании средств (активов) и задолженностей (пассивов).

Бухгалтерский учет по методу начислений (accruals concept) — учет доходов и расходов за тот период, в котором они имели место, вне зависимости от срока фактического поступления средств или перечисления оплаты.

Валовая прибыль (gross profit) — разница между доходом от продаж и себестоимостью реализованных товаров.

Вложенный капитал (capital employed) — сумма долгосрочных средств, инвестированных или предоставленных взаймы компании и используемых ею для производственной деятельности.

Восстановительная стоимость (current cost) — сумма денежных средств, которая должна быть уплачена в случае приобретения таких же или аналогичных активов в настоящий момент (для основных средств это будет чистая амортизация).

Дебиторская задолженность (debtors) — сумма долгов, причитающихся предприятию от клиентов за проданные, но еще не оплаченные товары и услуги.

Дивидендная доходность (dividend yield) — отношение размера дивидендов, приходящихся на одну акцию, к рыночной цене акции данной компании.

Долгосрочное обязательство (long-term liability) — обязательство, срок погашения которого составляет более 12 месяцев.

Доля прибыли, идущая на погашение процентов (income gearing) — коэффициент, который характеризует способность компании выплатить проценты по кредитам из своей прибыли. Рассчитывается как процентное соотношение суммы, подлежащей уплате, к прибыли до выплаты налогов и процентов (*EBIT*). Это показатель, обратный коэффициенту покрытия процентов.

Дополнительный оплаченный капитал (share premium) — сумма, на которую эмиссионная стоимость выпущенных акций превышает их номинальную стоимость.

Доход (revenue) — выручка от реализации продукции компании.

Закладная сумма (debentures) — долгосрочное обязательство, которое, как правило, обеспечено активами предприятия.

Котируемые на бирже ценные бумаги (listed investments, listed security) — ценные бумаги, цена на которые была установлена или признана фондовой биржей, и поэтому допущенные к торгам.

Коэффициент «цена/прибыль», коэффициент P/E (price/earning ratio) — отношение рыночной цены акции к прибыли на акцию за последний отчетный период.

Коэффициент задолженности (borrowing ratio) — очень важный показатель для определения кредитоспособности компании. Характеризует отношение суммарной задолженности (краткосрочных и долгосрочных обязательств) к средствам акционеров за вычетом нематериальных активов.

Коэффициент мгновенной ликвидности (quick ratio) — отношение текущих активов (как правило, за вычетом товарно-материальных запасов) к краткосрочным обязательствам.

Коэффициент покрытия дивидендов (dividend cover ratio) — отношение прибыли, указанной в финансовой отчетности, к выплаченным дивидендам.

Коэффициент покрытия процентов (interest cover ratio) — отношение прибыли до уплаты налога и процентов (*EBIT*) к суммарным процентам, подлежащим уплате в данный период.

Коэффициент соотношения собственных и заемных средств (equity gearing, debt-to-equity ratio) — показатель, характеризующий степень зависимости компании от заемного капитала. Определяется как отношение суммарной задолженности к средствам акционеров. Данный показатель представляет особый интерес для венчурных кредиторов.

Коэффициент текущей ликвидности (current ratio) — показатель, определяющийся как соотношение текущих активов к текущим обязательствам в бухгалтерском балансе, которое показывает ликвидность предприятия.

Коэффициент финансового «рычага» (gearing ratios) — показатель, характеризующий соотношение собственного и заемного капиталов. В финансовой практике существует множество разновидностей данных показателей. Одним из наиболее распространенных является коэффициент соотношения собственных и заемных средств (debt-to-equity ratio, equity gearing), который определяется как отношение долгосрочной задолженности к средствам акционеров. Коэффициент соотношения собственных и заемных средств может выражаться в номинальной и рыночной стоимости. См. также коэффициент задолженности; коэффициент соотношения собственных и заемных средств; доля прибыли, идущая на погашение процентов.

Кредиторская задолженность (creditors) — неосуществленные платежи поставщикам за предоставленные ими товары или услуги.

Ликвидность (liquidity) — термин, который используется для характеристики денежных средств компании и ее способности выполнить краткосрочные обязательства.

Накладные расходы (overheads) — любые затраты, кроме прямых расходов на закупку материалов или оплату труда, которые были произведены в процессе производства продукции.

Начисление (accrual) — расходы, которые не были оплачены на день подведения бухгалтерского баланса, но включенные в него — иногда в ожидаемом объеме.

Незавершенное производство (work-in-progress) — товары (или услуги), которые находятся на стадии производства (или поставки) на день подведения баланса.

Номинальная стоимость (net value) — стоимость акции или другой ценной бумаги, указанная при выпуске.

Оборотный капитал, рабочий капитал (working capital) — текущие активы за вычетом текущих обязательств, т. е. средства, которыми располагает компания для погашения кредиторской задолженности, хранения товарно-материальных запасов и финансирования незаконченного производства.

Обязательство (liability) — суммарная задолженность.

Основные средства (fixed assets) — активы со сроком службы более одного года, используемые предприятием для осуществления производственной деятельности, а не предназначенные для продажи.

Отсроченные активы/обязательства (deferred asset/liability) — счета к получению/уплате со сроком погашения более 12 месяцев с даты бухгалтерского баланса.

Отсроченные налоги (deferred taxation) — налоговые обязательства, возникающие в результате различий между методом расчета налога на прибыль для целей финансовой отчетности и для составления налоговой декларации.

Отчет о движении денежных средств (cashflow statement) — отчет о входящих и исходящих денежных потоках компании за отчетный период.

Отчет о прибылях и убытках (profit and loss account) — отчет, который сравнивает доходы и расходы компании, за отчетный период.

Переменные расходы (variable costs) — расходы, которые изменяются в зависимости от изменения уровня активности предприятия.

Постоянные расходы (fixed cost) — расходы, которые остаются постоянными, независимо от изменения объема продаж (например, арендная плата).

Прибыль (profit) — разница между доходами и расходами в отчетном периоде. В финансовой практике существует множество разновидностей прибыли: до или после уплаты налогов, процентов и т. п.

Прибыль на акцию (earnings per share — EPS) — прибыль после уплаты налогов, деленная на количество выпущенных в обращение обыкновенных акций.

Принцип первоначальной стоимости (historic cost convention) — принцип бухгалтерского учета, требующий, чтобы оценка всех активов основывалась на первоначальной стоимости, т. е. цене приобретения или производства.

Принцип последовательности (consistency concept) — принцип бухгалтерского учета, согласно которому применяемые учетные процедуры и методы оценки должны сохраняться неизменными до тех пор, пока не будет официально объявлено об их изменении.

Рабочий капитал (working capital) — текущие активы за вычетом текущих обязательств.

Распределение (distribution) — сумма средств, распределенных между акционерами из прибыли, как правило, в форме денежных выплат по дивидендам.

Резерв (provision) — сумма, списанная со счета прибылей и убытков в счет будущих обязательств, сроки или объемы которых пока не определены.

Резерв по переоценке (revaluation reserve) — резерв, формируемый на случай возрастания стоимости замещения долгосрочных активов. В случае необходимости его включают в баланс как часть средств акционеров, чтобы уравнять между собой активы и пассивы.

Резервы из прибыли (revenue reserves) — прибыль за вычетом расходов, полученная компанией с момента ее основания и удержанная в ней.

Себестоимость реализованной продукции (cost of sales, cost of goods sold) — затраты на производство продукции и услуг, выручка от реализации которых получена в течение отчетного периода. Как правило, это расходы на материалы, оплату труда и производственные накладные затраты. Разница между доходом от продаж и себестоимостью реализованной продукции составляет валовой доход.

Стандарты финансовой отчетности (Financial Reporting Standards) — положения, изданные Советом по стандартам финансового учета (Financial Accounting Standards Board), которые описывают утвержденные формы ведения финансового учета.

Структура капитала (gearing) — структура капитала определяется соотношением капитала, предоставленного акционерами (собственный капитал), и заемного капитала (суммарной задолженности).

Счета к оплате (accounts payable) — см. кредиторская задолженность.

Счета к получению (accounts receivable) — см. дебиторская задолженность.

Текущее обязательство (current liability) — обязательство, срок погашения которого составляет менее 12 месяцев.

Текущие активы (current assets) — денежные средства, а также те виды активов, которые будут обращены в деньги не позднее, чем через 12 месяцев с даты, указанной в балансе.

Товарооборот (turnover) — доход от продаж.

Принципы учетной политики (accounting concepts) — понятия и принципы, которые лежат в основе бухгалтерского и финансового учета: «постоянство», «начисления», «последовательность» и «осмотрительность».

Учетная политика предприятия (accounting policies) — основополагающие принципы, методы, процедуры и правила, которые считаются наиболее подходящими в данных обстоятельствах и поэтому принятые компанией для подготовки и предоставления финансовой отчетности.

Средства акционеров (shareholders' funds) — сумма акционерного капитала и резервов, которая представляет общий интерес акционеров компании.

Чистая балансовая стоимость (net book value) — первоначальная стоимость долгосрочного основного актива минус аккумулированная амортизация. Чистая балансовая стоимость не имеет никакого отношения к рыночной стоимости.

Чистая возможная цена реализации (net realizable value) — сумма, которую можно выручить от продажи актива в текущем состоянии на дату баланса, после вычета всех расходов, связанных с его реализацией.

Чистые активы (net assets) — разница между суммарными активами и суммарными обязательствами.

Чистые текущие активы (net current assets) — текущие активы за вычетом текущих обязательств.

Чрезвычайные расходы (exceptional item) — расходы, которые возникают в связи с основной деятельностью компании, но имеют необычные размеры и поэтому должны быть выделены в бухгалтерском балансе в отдельную статью.

ОТВЕТЫ НА ТЕСТЫ

1. Верно.
2. Никакое, потому что как только компания оплатит и произведет эмиссию акций, их рыночная стоимость уже не будет влиять на финансовое положение в краткосрочном периоде. Экономический спад на рынке в целом или же снижение курса данных акций наносит убытки тем акционерам, которые намеревались продать свои акции. Однако, разумеется, в будущем акции могут снова подняться в цене.
3. Понижается.
4. Его значение уменьшится.
5. Данный показатель учитывает каждую транзакцию, связанную с покупкой и продажей; поэтому, чтобы узнать реальное число акций, участвовавших в торгах, нужно разделить его значение на 2. В нашем примере мы получим 14 186 млн. акций.
6. А вот это действительно зависит от вас.
7. 108 000 ф. ст. x 0,05% = 54 ф. ст. в день. 54 ф. ст. x 40 = 2 160 ф. ст.. 2 160 ф. ст. составляет 25 от 108 000 ф. ст..
8. Валовая маржа равна 20% (25/125).
9. Валовая маржа равна 37,5% (600/1 600).
10. Туристическое агентство.
11. По ее способности генерировать прибыль.

12. Коэффициент P/E и доходность.

13. Его значение повысится, поскольку суммарная стоимость выпущенных акций уменьшается на суммарную стоимость проданных акций.

14. Она повышается, по крайней мере, в краткосрочном периоде.

15. Его значение повышается. Это один из моментально действующих способов улучшить этот показатель.

16. Ухудшится. Компания относит к запасам те товары, которые никогда уже не будут реализованы, и за счет этого период оборачиваемости товарно-материальных запасов кажется больше.

17. 755. Просто сложите два числа и разделите их на 2, чтобы получить достаточно точный результат.

18. Наиболее вероятным является второй вариант. Существует физический лимит времени, которое торговый персонал может уделять клиентам, и, как правило, в этой области нет возможностей для кардинального улучшения.

19. Нет, отдел информационных технологий будет получать меньшую прибыль. В этом случае ему будет выгодно, чтобы подразделения оплачивали телефонные счета непосредственно телефонной компании.

20. Поскольку амортизация увеличилась, прибыль и рентабельность активов уменьшаются. Денежные потоки остаются прежними.

21. 337 500 ф. ст.

22. Так поступают многие компании, несмотря на то что этот шаг не логичен. Вы же сами хотели, чтобы торговый персонал увеличил объемы продаж, не так ли? Если вы думаете, что некоторые служащие будут зарабатывать слишком много по сравнению с другими, измените размеры премий, но не устанавливайте на них ограничения.

23. (а) Годовые денежные потоки примут положительное значение на шестой год, и проект достигнет безубыточности на десятый год.

    (б) 149 302 000 — это самое большое число в суммарном денежном потоке.

    21 005 991 — по той же причине, что и выше.

24.

Время поступления денежного потока	Объем денежного потока	Коэффициент дисконта при учетной ставке 15%	Приведенная стоимость
Немедленно	(20 000)	1,00	(20 000)
Через 1 год	10 000	0,870	8 700
Через 2 года	8 000	0,756	6 048
Через 3 года	6 000	0,658	3 948
Чистая приведенная стоимость (NPV)			(1 304)

Поскольку NPV имеет отрицательное значение, от проекта нужно отказаться.

25. Приблизительно 7,6%. С учетом темпов инфляции — 7,4%.

ПРЕДМЕТНЫЙ УКАЗАТЕЛЬ

П

Р

С

Научно-популярное издание

Кен Ленгдон
Алан Бонхем

ФИНАНСЫ

Зав. редакцией *И. Е. Федосова*
Ответственный редактор *Н. В. Шульпина*
Литературный редактор *Н. Ю. Баций*
Художественный редактор *Н. С. Никонова*
Верстка *И. В. Середа*

ООО «Издательство «Эксмо»
127299, Москва, ул. Клары Цеткин, д. 18/5. Тел. 411-68-86, 956-39-21.
Home page: **www.eksmo.ru** E-mail: **info@eksmo.ru**

Подписано в печать 29.11.2006.
Формат 70x90 1/16. Печать офсетная. Бумага офсетная. Усл. печ. л. 17,55.
Тираж 3000 экз. Заказ 6694

Отпечатано в ОАО «ИПК «Ульяновский Дом печати»
432980, г. Ульяновск, ул. Гончарова, 14